お寺に行こう！

坊主が選んだ「寺」の処方箋

浄土宗 知恩院編集主幹 龍岸寺副住職
池口龍法 著・監修

講談社

お寺に行こう！坊主が選んだ「寺」の処方箋

◉目次

◎はじめに

仏教を知ると、あなたの人生が変わる理由

お寺づきあいは、本当に時代遅れなのか?

いくら払えば失礼に当たらないのかわからないお坊さんへのお布施《ふせ》。合理的な思考に慣れた人々には到底馴染みがたい加持祈禱《かじきとう》。漢文の素養のない世代には呪文にしか聞こえない読経《どきょう》。

――今日《こんにち》、お寺とかかわりあいを持って、本当にメリットはあるのだろうか。お寺はもう、過去の遺物ではないのか。多くの人がそう思っているに違いない。メリットを感じられないどころか、宗教とかかわってかえって正気を失うケースもありうる。神さま仏さまなど頼らずに、合理的にものごとを考えて、しっかりと地に足をつけて生きていくほうが、よっぽど安全ではないのか。

ありふれた日常をただひたすら繰り返していくだけなら、たぶんそれが正解だろう。

しかし、繰り返される日々など実際にはなくて、私たちは、毎日、未知と遭遇し続ける。

東日本大震災ほどの天災地変に遭うことは稀《まれ》だとしても、今日と同じ日がやってくることは二度とない。

サラリーマンのように生活のリズムが決まっている人は、同じような日常をただ反復しているつもりかもしれない。同じ時間に起床し、同じ時刻の電車の同じ車両に乗って、同じ時間にタイムカードを押し、自席に着く。

それでも、新しい朝には、必ず新しい時間がやってくる。上司に挨拶をして表情をみると、昨日までニコニコしていたはずが打って変わって不機嫌だったりする。突然に、親しかった人の訃報が舞い込むこともあれば、逆に、結婚や出産などの嬉しい知らせが届くこともある。震災や落雷のような天災に遭って、交通網が麻痺することもある。私たちは、無常なる世界の前に、いつも丸腰でのぞんでいる。

繊細で傷つきやすい私たちの心とつきあっていく方法は、2通りある。

一つは、心に蓋《ふた》をして、淡々と日常を送ること。不機嫌な上司の小言もさらっと聞き流し、課せられた仕事のノルマをそつなくこなし、帰宅すればそこそこの家族サービスを行う。大きな幸せも得られない代わりに、大きな不幸にも出合わない、無難な生き方である。

もう一つは、たとえ辛くても、心を開いて、新しい日常を味わい続けること。親しい人の訃報が届けば、駆けつけて悲しみをシェアする。その間、仕事を放ったらかしにするのは怖くもあるが、涙を流し終わったら頑張って遅れを取り戻せばいいと肚《はら》をくくる。精神的にも肉体的にも負荷はかかるが、充実感を得られる生き方である。

どちらの生き方が望ましいか。理想をいえば後者だろうが、現実はそう簡単ではない。上司の小言を真面目に聞いていたら、時間がいくらあっても足りない。訃報を聞いて駆けつけたくても、どうしても外せない仕事もある。だけど、自分の殻にこもって守りに徹しているばかりでは、人生はきっと甲斐がないし、この世はなにも発展していかない。

だから、私たちは、平素から心を強く鍛えたり、正しく整えたりする技術を身につけなければいけないし、想定以上の苦しさに遭遇して心が折れてしまうときのために、逃げ込める場所を持っておかなければいけない。

そして、お寺こそ、このようなノウハウを身につけるための場として最適だと、私は提案したいのである。

「お坊さん×フリーペーパー」という衝撃

私は、小さい頃からお寺の本堂で内面と向き合う時間を持ってきたおかげで、周囲からの雑音をすべてシャットアウトして、自分の生き方、感じ方が正しいかをメンテナンスする術《すべ》を多少なりとも身につけてきた。こういう技術が、大人になった今、ストレスフルでせわしない時代を、しなやかに生き抜くための力になっていると感じる。

おそらく、今日の一般的な感覚では、お寺と関わる時間など省《はぶ》いて、ひたすら仕事の業績を追い求めることが、人生の勝ち組への近道だと考えられているだろう。しかし、社会的成功への過剰な執着はかえって逆効果ではないか。私たちはこの世で得たものは、いつかこの世を去る時までに必ず失う。地位や財産に執着があるほど、それを手放すときにどうしようもない喪失感が心を襲う。好きな異性に依存しすぎるのもまた、同じである。失ったときのショックから立ち直れず、心を病んでいる友人はあなたの周りにもいるはずだ。

だから、ひたすら仕事をこなし続けるよりも、ときにはお寺に足を運んで煩悩《ぼんのう》をリセットしたほうが、長い目で見ればこの世でうまく生きていく扉は開かれてくる。しかし、現実には人々はどんどんお寺から離れ、ストレスをためこんでさまよっている。一流企業に就職したはずの同世代の私の友人のなかには、業績に追われるあまり顔から生気を失っていった人も少なくない。そのような姿を見ていると、どうしようもなくもどかしかった。

この状況をなんとか打破できないか。

近しい考えのお坊さんもいたが、お寺のなかで一緒にお寺離れを嘆《なげ》いていてもなにも変わらない。できることがあるとするなら、自分から街へ出る以外にない。そう考えた私は、２００９年、28歳の夏に、周囲のお坊さんたちに声をかけ、とりあえず名刺代わりにとフリーペーパーを創刊した。

これが衝撃的だったらしい。まず、「お坊さん×フリーペーパー」という意外性が、世間の興味を引いた。フリーペーパーという気軽なメディアで、マンガや精進料理レシピなども盛り込みつつ、仏教へのゆるやかなイントロダクションを行う試みは、想像した以上に世間から喜んでもらえた。「フリースタイルな僧侶たちのフリーマガジン」というタイトルも、意表を突いた。古めかしいお寺社会の内側で、新しいなにかが起こりつつあるという期待を感じさせた。創刊号の発行部数はわずか１５００部だったが、年間6回のペースで発行し続けた結果、いまでは1万部を超えるようになった。13年12月には「日本フリーペーパー大賞２０１３」で審査員特別賞を受賞し、誌面のクオリティに対しても高い評価をいただいた。

こうして、かみ合わなかったお寺と世間の歯車を元に戻していく作業が、私のなかで始まった。

偶数月の1日。新しい号が完成したら、法務の合間を縫って、カフェや書店をまわってフリーペーパーを置いてもらう。ときには、法衣姿で自ら街頭に立って手渡しすることもある。宗教に関心のない人でも、もしカフェの軒先などでお坊さんが表紙に載ったフリーペーパーを目にしたなら、少しだけ背筋の伸びる感じを味わうだろう。あるいは、仕事のストレスをふと忘れたりする人もいるはずだ。そう願って、この数年間は多くの時間を割いてきた。

未来は縁のクロスポイントに

人生は、「縁」にもてあそばれ続ける。

私たちは、さまざまな出会いや別れの縁のクロスポイントにたたずんでいるに過ぎない。

私の人生も例外ではない。元来の性格からすれば、街中の喧噪《けんそう》を楽しむよりも、家にこもって本でも読んでいるのが好きだった。だから、フリーペーパーを配布している自分を不思議に思うし、かつてのような静かなお寺ライフがときに懐かしくもある。でも、求めてくれる人がいるかぎり、やり切るしかない。

仏教で「無我」を説くのは、そういうことなのだろう。

2500年前、王族の跡継ぎという地位も名誉も捨て、勢いよく「自分探しの旅」に出たお釈迦さまは、修行の末に「我」なんて存在しないと気づいた。すべては「縁」のなかにある以上、自分らしさにこだわって肩肘張って生きていても、かえって苦しいだけだと。

これぞ、経典が教えてくれる、脱力ライフだと思う。私たちはどうあがいても、身の丈以上のことは果たせない。でも、身の丈に合うことは精一杯、果たしていく。

最近では、精力的に配布した甲斐あって、悩み相談なども頻繁《ひんぱん》に寄せられるようになった。反響があったのはありがたいことではあるが、私のキャパシティは、完全にオーバーフロー。経典には「あらゆる人の苦しみに寄り添うべき」と書かれているから、そのとおりに歩みたいと思ってはいるし、他人にもそう生きましょうと教えを説いているけれど、我が身を振り返ったらまったく実現できていない。

でも、反省の念こそあるが、無理して聖人ぶっても仕方ないと諦めてもいる。背伸びしてガツガツ結果を求めたって、良い縁は近寄ってこない。身の丈に合った生き方を続けるときに、縁は自然と整っていくものだと、私は信じている。

本書を出版することになった経緯も、不思議な縁のおかげである。

きっかけは、朝日新聞土曜版beの表紙特集企画「フロントランナー」(2011年8月6日発行)だった。記者の竹田真志夫さんから取材を受けた時に、「いつか『お寺ミシュラン』みたいなことをやりたいですね」と、私がなにげなく語ったら、そのひとことが紙面に載ってしまった。

それから、半年余りが経った、12年3月、フリーペーパーの取材依頼のため、講談社に問い合わせようとしたまさにその日。私のメールボックスに一通のメールが届いた。他ならぬ講談社からで、読んでみると「『お寺ミシュラン』をぜひ書籍化しましょう！」というお誘いだった。人と人は出会うべき時に出会うのだと思った。

他にも、フリーペーパーを発行して以来、不思議なめぐりあわせによく出合ってきた。

「茶坊《さぼう》えにし」（47ページ）誕生のアシストを果たしたことも、その一つだ。単なる偶然とは考えられないタイミングで、フリーペーパーを縁として人と人がつながり、東京・浅草のお寺と人々をつなぐ新しいコミュニティが生まれた。

仏教は運命論を説く宗教ではないし、不思議なめぐりあわせがあったことにとらわれるあまり自分を見失っても仕方ない。ただ、私の感覚では、縁はつながるときにつながる、という確信がある。だから、自分の力ででできることなんてたかが知れているが、できないなりにせめて努力だけは忘れないでいたい。それが、縁を整えてくれたあらゆるものへの、私なりの感謝の表し方である。

お寺アレルギーを克服してみませんか?

さて、私のなにげない発言が思いがけず大きな騒ぎになり、無責任ながらようやく、「お寺ミシュラン」を世に問う意味を本気で考え始めた。

実は、お寺のなかで暮らしているお坊さんでさえ、「お坊さんが苦手」と語る人が少なくない。なにを隠そう、私もその一人である。お寺で生まれ育って30年余り。この社会のルールにはだいぶ慣れたつもりだが、わかりにくいお寺文化に戸惑うことはよくある。

最近で一番の衝撃だったのは、お寺の前で修行を終えて出てくるお坊さんを待っていたときのこと。いきなり、指導官と思われる高僧からものすごい剣幕で「結界の中に入るな！」と怒鳴られた。「えっ、結界ってなんだろう⁉」と戸惑う私。工事現場の「立ち入り禁止」みたいなサインを探してみても、どこにも見当たらない。私は、結局、なにが「結界」かわからないままに、逃げるようにその場を立ち去るしかなかった。

声を荒らげた当のお坊さんにとっては、「聖域を侵された」という許し難い怒りがあったのだろう。しかし、勢いよくはき出された言葉は、同じお坊さんである私にとってさえ、まったく理解不能だった。

世間の人々も、似たような理不尽な経験をいくつも味わってきていると思う。お寺に対する不平不満の声をよく聞く。高額な戒名料の請求や、遺族の心情を顧みないお葬式への不満。お坊さんアレルギーやお寺アレルギーが蔓延《まんえん》していて当然である。

しかし、幸いなことに、私はお寺社会で嫌な瞬間をたくさん味わってきた一方で、フリーペーパーの取材などを通じて、魅力を放ってやまない多くのお坊さんとも出会ってきた。いまとなっては、お寺もまだまだ捨てたもんじゃないと、少しだけ心を開けるようになってきた。

だから、やっぱり、良いお寺を知るためのガイドブックを作りたい。

そうすれば、お寺は役に立つものだと理解してもらえるはずである。

ただ、ミシュランガイドのように格付けするのが、最善の方法ではないと考えた。評価項目を設けて採点し、「良いお寺ランキング」をつくることも不可能ではなかった。「住職の人柄」「先祖供養サービスの充実度」「アクセスしやすさ」「コストパフォーマンス」などは、いずれも、新しくお寺とつきあおうとする人にとっては、重要なチェックポイントだろう。

しかし、いま必要なのは、ものさしに合わせてお寺を評価するのではなく、評価して判断しようという態度から離れることだと、私は思った。

そもそも、人はなぜ評価したがるのか。

それは、不安だからである。

自分が幹事になって食事会の会場を決めなければならないとき、ミシュランガイドに載っているお店を選んでおけば、たとえ料理が参加者の口に合わなくても、文句を言われることはない。幹事の役割は完璧に果たされたことになる。

だけど、自分の舌に自信が持てるようにならないと、食の楽しみはいつまでも味わえない。ましてや、週末に無難なお寺づきあいをしてみたって、日ごろのストレスからまったく解放されない。心の奥底までがほぐれていくようなお寺づきあいを始めるためのガイドブックをつくるときに、格付け作業はふさわしくない。

むしろ、私が体験してきたなかで、語るべきことがあるとすれば、

「相談者の悩みが解決されるまで、ぶっ通しででも話を聞き続けていたい」

「瞑想中の感覚は言葉では言い表せないけれど、クリスタルボウルの響きに乗せれば伝わるんじゃないかな」

「お寺でも、フジロックみたいなフェスができないか」

と、壮大な夢にひたすら突き進んでいくお坊さんたちの話だろうと思った。彼らとの縁こそ、私自身にとってなによりアレルギーを癒す薬となった。そして、彼らのどうしようもない情熱に刺激されて、私の人生のモチベーションもいつの間にか高まってきた。

お葬式以上の仏教へ

仏教は、生きるための力というよりは、お葬式のためのもの。

これを「ステレオタイプ」だと反論したいが、声を大にして否定できないのも事実だ。私がお寺で生きてきた年月を振り返ってみれば、お葬式、法事、墓回向《えこう》といった先祖供養に携わって大半を過ごしてきた。世間の印象はおよそ間違ってはいない。

でも、これからのお寺はたぶん違う。

違って欲しいと、私は願う。

お葬式それ自体が大切であることを否定するつもりはないが、お釈迦さまの生きた時代に近い経典に立ち返ってみると、「死」よりも「生」への教訓が多い。

「音声に驚かない獅子のように、網にとらえられない風のように、水に汚されない蓮のように、犀《サイ》の角のようにただ独り歩め」（『スッタニパータ』）
「己こそ己のよるべ、己をおきて、誰によるべぞ。よく整えられし己こそ、まこと得がたき、よるべなり」（『法句経《ほっくきょう》』）

これらの言葉は、この世を勇ましく生きることへの力強い後押しだ。

それならば、仏教を通じて「生」を見つめていたいと、私は思う。

おそらく、そう望んでいるのは私だけではなく、多くの僧侶が新しいお寺のかたちを提案し始めている。特に若手のお坊さんのあいだでは、その傾向が強い。仏教が生きる力を与えるものになりつつある、といっていいと思う。いまはまだ、小さな力かもしれないが、5年、10年と時間が経つうちに、この国の仏教の姿が変わっていきそうだと私は期待している。

だから、本書は「これまでのお寺」のガイドブックではない。「これからのお寺」ひいては「これからの社会」のためのガイドブックである。

そういう観点に基づき、全国に7万5000以上あるお寺の中から、「フリースタイルな僧侶たちのフリーマガジン」編集スタッフが、お寺や団体、イベント38例を選出した。キーワードは、「縁」「ボランティア」「気づき」「修行」「ライブ」だ。ふらっと訪ねられるお寺、苦しいときに親身になってくれるお寺、はっと我に返るためのお寺、自分を磨くためのお寺、楽しく盛り上がるためのお寺。本書に収めたお寺から、「死」のネガティブなイメージは、ほとんど感じられないだろう。

だから、まずステレオタイプを捨て去ることを提案したい。もしあなたが、お坊さんのことを「身内や知り合いが亡くなったときに出会う人」としか思っていないなら、本書に取り上げたお坊さんたちと直接会って、カルチャーショックを受けてみてほしい。お坊さんって友達にいたら意外と頼もしいヤツだと見直してもらえると思う。

そして、私が頭を下げて読者の方々にお願いしたいのは、引き続きお寺への批判的なまなざしと、あたたかい協力を寄せていただきたい、ということである。お寺が本当に変わっていくには、まだまだ時間がかかるし、お坊さんだけで孤軍奮闘しても、この社会が本当に活性化していくことはありえない。

私自身の活動を省みても、このことは当てはまる。これまでにさまざまな職種の方々から連絡をいただき、これからのお寺について語り合ってきた。例えば、ヨガのトレーナー、カウンセラー、ミュージシャン、警察官、医師、落語家、宇宙学の研究者、キリスト教やイスラム教信者など。心を開いて、真剣に議論して盛り上がれば、即興的なコラボレーションを果たしてきた。試しに「お寺で宇宙学」(宇宙学の研究者と世界観を語り合うワークショップ）や「いのりフェスティバル」（教会版コミックマーケット）という語句でネット検索すると、その成果を知っていただけるだろう。

閉塞感に包まれている日本の社会が、どう変わっていくか。いま、答えは誰にもわからない。しかし、お坊さんは着実に変わり始めている。そして、読者のあなたもこれからのお寺に期待して関わっていただけるなら、あなたの人生はきっと面白くなっていく。

仏教を私達の生きる力に

私は、プロフィールの職業欄に、「僧侶」と書くのを、時おりためらう。お坊さんは職業というよりも、生き様だというほうが、感覚的には近い。

お寺に生まれ育った私は、檀家さんから「主人が先ほど亡くなりました」という電話が深夜にかかってきて日常が一変するような体験に親しんできた。人間の死がいつやってくるかわからない以上は、私の家に「休日」の概念はなかった。

お坊さんが「生き様」なら、それは当然だろう。お坊さんの守るべき戒律を調べてみても、懺悔《さんげ》を行う日の定めはあるが、休日についての記述はない。サラリーマンのように勤務時間がはっきりしている仕事をうらやましく思った時期もある。だけど、人生にオフとオンがあるなんて、どうもしっくりこない。休息が必要な時もあるが、気分は常にオンでいようと、いまではもう割り切っている。

ＩＴ技術が発達したせいで、「どこにいても仕事のコンタクトが舞い込んできて辛い」「ＳＮＳに書き込むたびに、自分の行動がチェックされる」と現代の窮屈さを嘆く人も多いが、私としては、喜びのほうが強い。

モバイルＰＣと、スマートフォンと、袈裟《けさ》と。それだけ鞄に入れておけば、どこででも読経できるし、原稿だって書ける。京都のお寺での法務を終えたら、作務衣《さむえ》姿のまま新幹線に飛び乗って、東京へ。移動中にＰＣを立ち上げて原稿を書き、滞在中のホテルで校正の確認。翌日はワークショップや講演、それに打ち合わせなど。すべての予定が終わったら最終の新幹線で京都へと戻る。子供の頃から見ていたお坊さんの姿とはまるで違う私のライフスタイル。東京だけでなくオファーがあれば、どこへだって行く。体力的にも精神的にもつらいときもあるが、そんなときに背中を押してくれるのは、

「もろもろの事象は過ぎ去るものである」
「怠ることなく修行を完成なさい」（『マハーパリニッバーナスッタンタ』）

というお釈迦さま80年の生涯の遺言。私も自分なりに、せいぜい修行を続けていくだけのことである。

そして、おそらく、「人生をどう修行するか」というお坊さんらしい視点は、いま、あらゆる人に求められている。

スマートフォンがあれば世界中どこにいたって電話が通じるし、メール

も届く。日常のささやかな振る舞いが、スマートフォンのカメラで切り取られてＴｗｉｔｔｅｒに投稿されることだってありえる。もし、ネット上に情報が拡散されてしまえば、完全に消し去ることは不可能である。

十数年前なら、飛行機に乗って海外に飛び立ったら、ほぼ音信不通になれたし、誰の目も気にせず生きていられた。そういう気楽さはもはや世界中どこにもない。あらゆる人が、どんな生き様で生きるかを、常に求められるような時代になった。

そのぶん、お坊さんが心のなかに持っている「人生の芯」について、改めて耳を傾けてみることが、ますます求められてくるにちがいない。

だから、心を開いて、お寺に行こう。

仏教は特効薬ではない。参拝したからってただちに御利益で癌が治るわけではないし、明日からまったく別の人生が用意されているわけでもない。だけど、心の奥底にひびくお寺とつきあい、本当に信頼できるお坊さんと知り合えるなら、「人生の芯」になるものがじわじわと感じられてくるだろう。たぶんそれこそ、自分自身のなかの尊いもの、ほっと落ち着ける場所、ゼロポイント。

本書に紹介しているお寺はどうしようもなくユニークなものばかりで、かえって目移りしてしまうかもしれない。しかし、どのお寺もあなたをあたたかく包み込んでくれるから、安心して訪ねてみてほしい。出会いの縁は待っていても不意に訪れることがあるが、私の信念からいえば、積極的に求めたほうが必ずいい縁に結ばれる。

いいお寺はいつもあなたを待っている。

お寺づきあいが「古くさい」のではない。そう思っている自分が「古くさい」んだ。生き生きと躍動しているお寺と幸せな出逢いを果たせたなら、心の殻が破れて、新しい自分が生まれてくる。せっかくこの世に生まれたんだから、そういうかけがえのない瞬間を味わおう。忙しさの中で忘れ去っている大切ななにかを、取り戻そう。

本書があなたの心の処方箋となることを私は深く願っている。

第1章

「出会い」と「ご縁」で世界を広げる

私たちは、縁に飢えている！

知らないあいだに近所の人がお寺に入ってきて、台所の冷蔵庫を開けて喉をうるおす。あわてて「ドロボー！」と叫び、窃盗犯として警察に突き出すべきだろうか。でも、都会のお寺でこそ見かけなくなったが、田舎ではいまでも充分ありえる光景だという。古くからの檀家さんにしてみれば、「先祖代々の長いつきあいなんだから、ちょっと喉をうるおすぐらいいいじゃないか」という感覚。そこに悪意はまったくない。

残念ながら、人口移動のはげしい都会のお寺で、冷蔵庫をシェアするほどの温かい絆をつくるのは、たぶん不可能だ。だけど、私たちは確かな縁に飢えている。不況が長引き会社もいつまで雇ってくれるかわからず、職場自体の雰囲気もギスギスしている。Ｆａｃｅｂｏｏｋで「いいね！」してくれる友人はたくさんいても、困った時に支えになってくれる人は少ない。だから、友人と心の絆を深める時間を積極的に探さなければならない。私はその選択肢の一つとして、お寺を利用することをおすすめしたい。

お坊さんを出会いやご縁のコーディネーターとして求める声を、実際に聞く。仏教では飲酒を禁じていることを知ってか知らずかはわからないが、「お坊さんとお酒を飲みたい」という要望が寄せられることもしばしば。日ごろ知らない世界の人と交流したいという理由もあるだろうが、もう一つには、「そこにお坊さんがいる」という空気感も好まれているようだ。

聖なる世界のこと、俗世のこと、あの世のこと、この世のこと――あらゆる世界とのつながりをお坊さんの向こう側に感じながら、目の前にあるお酒を飲んで語り合う。日々の悩みがちっぽけなものに感じられてくる、贅沢な時間である。

たぶん職業病なんだろうが、私たち僧侶は、そういう空間に居合わせると、知らず知らずのうちに、コーディネーターをつとめようとする。お坊さんは、立場上、上座に座ることが多いから、仕草の一つ一つで、場の空気をコントロールせねばという使命感にかられてしまう。私自身、飲食店に入った時には、いつもどこが上席かを確認する。カジュアルな場か、フォーマルな場か、席次はだれを立てるべきかなどをさりげなく気にしながら、心地よく時間が流れていくように心がけている。これぞ出会いをつなぐテクニック。でしゃばりすぎて失敗する時もあるが、そこはご愛敬だ。

　カフェやバーで友達と語り合うのが楽しいなら、「お寺×カフェ」「お坊さん×バー」というプラスアルファを試しに味わってみてはどうだろう。お寺といえば常に門が閉ざされているイメージが先行しているが、光明寺の「神谷町オープンテラス」は、法事や葬儀がある時をのぞき、あらゆる人に開放されている。店長をつとめるお坊さんによる「おもてなし」の時間もある。ご本尊に手をあわせ、お墓を眺めるなかで、さまざまなつながりに感謝できれば、他愛ないトークも少しぬくもりを帯《お》びてくるはずだ。

お寺はちょっと敷居が高いようなら、町家でお坊さんと語り合いの場を毎月開催している「ボンズクラブ」を訪ねてみてほしい。オーナーの杉若恵《すぎわかえ》亮《りょう》さんの軽妙なトークに笑い転げているうちに、参加者どうしがいつの間にか打ち解けている。和尚らしい絆づくりの妙技に、きっと舌を巻く。

インターネット上のコミュニティなどで、趣味の近しい人と簡単につながれる時代だが、そういう縁は簡単に切れやすい。出会い系サイトを利用することと自体は悪くないにしても、そこで出会った二人が喧嘩した時、仲裁してくれる共通の知人はいない。消耗品のように縁を使い捨てていくなら、自分の心に傷を残すだけである。

本章で紹介したお寺は、気軽に訪ねられるところばかりである。だけど、にわかに作られたコミュニティ空間では決して味わえない、奥行きのある優しさがある。お寺が、長い歳月にわたって人々の出会いや別れに立ち会ってきたゆえの空気感だ。もしあなたがお寺を活用し、深みのある縁を育《はぐく》もうと努めるなら、人生は必ず豊かな広がりを見せていくだろう。

「平心低頭」が合い言葉！ THE BONZEくらぶ

徐々に効く〝仏教〟こそが体にも心にも優しい。迷っている人たちに、「こんな教えもある」と伝えたい

風情《ふぜい》たっぷり、京都の町家で迎えてくれたのは、日蓮宗法華寺35世住職・杉若恵亮さん。ここが毎月開催されている『つきいちボンサンと語ろう会〜ボンズクラブ』の集いの場、「BONZEくらぶ堀北庵」だ。

「人が苦しみや悩みに遭遇すると一刻も早く逃れたくて、〝即効性のある鎮痛剤〟的なものを、つい探してしまいます。でも、漢方薬的に徐々に効く〝仏教〟こそが実際には体にも心にも優しくて、症状が再発することもなく一番効く。根本的に人を癒し救うのは仏教なのだということを伝えたくて、25年前に『ボンズクラブ』、別名『つきいちボンサンと語ろう会』をスタートしました。お寺にいて待っていても何も始まらない。ならば僕が出かければいいんだと、毎月1回、カフェを貸し切って、僧侶と不特定多数の老若男女が話し合える場を作ってしまおうと思ったのが始まりです」

以来集いの場はカフェから画廊、居酒屋などを転々とし、京町家を改装して、現在の庵へ。

玄関にかけられた赤いのれんには〝平心低頭〟と毛筆で書かれた文字に、杉若さんが描いた、お辞儀をするお坊さんの可愛らしいイラストが。案内されたリビングには、アンティーク調の居心地の良いテーブルにソファーや椅子の数々。「コーヒーでもどうですか?」と勧められ、「お坊さんの話を聞きに行く」という常識は、次々と覆されていく。主宰の杉若さんは、いわば仏教界の風雲児。革新的な活動を繰り広げ、わかりやすい話とチャーミングな風貌で関西のテレビやラジオにコメンテーターとしても引っ張りだこの、人気のお坊さんだ。

　スタート当時は宗派の垣根を越えて交流するようなことも稀。いったい何を始めたのかと先輩僧侶たちからのお小言も大変だったが、それ以上に参加者の少なさにも悩まされた。

「参加者がたったひとりで、マンツーマンで語り合う日もあったし、チラシをまいても効果もなくて、本当にこれでいいのかと、続ける気持ちが萎《な》えたこともあります。『そんな目立つことをしてまで布教する意味があるか』と、先輩僧侶に言われたのも正直こたえました。

けれど、日蓮上人《にちれんしょうにん》はもちろんのこと、法然《ほうねん》上人も親鸞聖人《しんらんしょうにん》も、周りからなんといわれようと、ただただ伝えてこられた。その時代に適した方法で、仏教の普及に努められたのだと思うと、自分も修行をするだけではいけない、これまでにはない新しい方法で、少しずつでも前進しなければと心を強くしたんです。たとえ『知る人ぞ知る』であってもいいから、続けることが大切なんだ、と」

　それが、京都のタウン誌「Ｃｌｕｂ　Ｆａｍｅ」に取り上げられたことで、状況は一転する。雑誌、テレビなどから取材依頼が相次ぎ、参加希望者がどんどん増えていったのだ。

「あるとき語ろう会に出向くと、いつものカフェの前に人だかりができていたんです。不思議に思って、並んでいる人に『何かあったんですか』と聞いてみると、『ここで坊さんが面白い話をしてくれるらしい』という。大変なことになったと驚きました」

回を重ねるごとに他府県からの参加者が集まり、中には毎月、わざわざ高知県から夜行バスに乗って来る人もいるほど。さらに杉若さんお手製の「ＢＯＮＺＥ　ＣＬＵＢ　ＮＥＷＳ」を配布して活動内容を伝えたり、住職になる前に働いていたデザイナーとしての腕を活《い》かし、「ＪＵＺＵ　ＣＯＮＮＥＣＴＩＯＮ」という冊子を発行したり。いつしか「ＴＨＥ　ＢＯＮＺＥくらぶ」は、ボーダレスな寺会所になってゆき、２０１２年にはネット番組「Ｈｏｋｋｅ.ＴＶ」まで立ち上げてしまった。

「日蓮宗の新聞に、ついにテレビ欄を載せてしまいました（笑）。またみんな、おかしなこと始めたなあと思ってるんでしょうね」

番組コンテンツにも杉若さんの遊び心が満載だ。僧侶の座談会「三人よればＩ　ｔｈｉｎｋ僧！」、視聴者からの質問に答える「仏僧な真夜中」は「人が悩みを聴いて欲しいのは真夜中で、その時間に放送していないと意味無いから」と、夜中の３時からの生放送だった。取材当日も、隣の部屋ではスタッフが番組制作のテスト放送を繰り返し中。かと思えば「ボンズクラブで民族楽器の演奏会をしたい」と若手音楽家が相談にきたり、吸い寄せられるように若い人たちが集まり、それを楽しそうに杉若さんが聴いていた。

「僕のやっていることは、駅構内のコンシェルジュのようなもの。どこそこに行くには何線に乗ったらいい？　と聞いてくる乗客に的確なホームを教える仕事です。仏教といってもいろんな宗派や教えがあるから、迷っている人たちに『こんな道もある』『こんな教えもある』と伝えたい。仏教という改札をまだ通っていない人たちともコミュニケーションを重ねながら、できるだけスムーズに誘導して通してあげるのが私の役目だと思っています」

平成25年12月からは、様々な問題に取り組む僧侶ネットワーク「国境なき僧侶団」を立ち上げた杉若さん。多忙な日々はずっと続いている。

「学校内のいじめもあれば長引く戦争もあって、そんな世界だから、僕たち坊さんは動かなきゃいけないんです。そういう意味では、僕らが忙しいのはいけないことなのかもしれない。坊さんのいらない平和な世界になることが、仏教の最終目標なのかもしれませんね」

THE BONZEくらぶ
日蓮宗　法華寺
京都府亀岡市本町67　法華寺
☎0771-22-1292
＊BONZEくらぶハウス「堀北庵」は、京都市営地下鉄烏丸線　北大路駅から徒歩8分

イベント

「BONZEくらぶ堀北庵」
企画つきいちボンサンと語ろう会の申し込みや詳細は
http://bonzeclub.netまで

重要文化財の釈迦堂で独創的なイベントを開催

圓融寺

〝坐禅〟は気づきの宝庫。今抱えている悩みから、あなたを解放してくれます

東京・目黒区にある圓融寺の開山は、なんと1160年前。平安時代の仁寿《にんじゅ》3年（853年）に慈覚大師《じかくだいし》が創建したと伝えられる天台宗の古刹《こさつ》だ。「健脚の神」として広く崇拝される仁王門の「黒仁王尊」は、寛政年間には市民の間に爆発的ブームを起こし、参道に大変な行列ができたと言われる由緒正しきご本尊。境内に美しく映える「釈迦堂」は、室町時代建築の都区内最古の木造建築で、国の重要文化財に指定されている。

伝統あるこの名刹を、多くの人々に惜しげもなく開放しているのが、副住職であり圓融寺幼稚園の園長でもある阿純章《おかじゅんしょう》さんだ。

寺が主催する行事やセミナーはとにかくユニーク。その一つが毎月1回日曜日に行われる「禅×YOGA×アーユルベーダ」。禅もヨガもアーユルベーダも源をたどれば同じ思想にいきつくということで、それぞれの講師の指導のもと心と体の調和を図っていくセミナーで、本堂にヨガマット

を敷いて行うヨガは、なかなかできない経験だ。さらに暗闇の中でワインを味わう「暗闇ワインバー」や「寺Ｊａｚｚ」などジャンルも多種多様。2012年より毎年大晦日には、「除夜の鐘プロジェクションマッピング奉納」と称して、釈迦堂や仁王門に映像を映し出す試みもスタート。

また、定期開催している初心者も歓迎の坐禅会「ちょっと坐ろう会」と「金曜夜禅」は、贅沢にも重要文化財の釈迦堂で行われている。

「圓融寺の新しいイベントの多くは、坐禅会などに参加する人たちのアイデアや、坐禅後に行う茶話会での会話の中で着想を得たものです。私が『こういうことをやりたい』と言うと、偶然、その分野に関わりのある人がいたり、人を紹介してくれたり。坐禅には縁の巡りを良くするパワーと、良い出会いを引き寄せる力があるように感じます。そこで、坐禅会などのイベントに集まる独身男女の縁結びができたらと、少人数参加の『婚活坐禅』や、『宿坊研究会』とフリーペーパー『フリースタイルな僧侶たち』とのコラボで大規模な『写経コン』『坐禅コン』も開いてみたんですよ」

文化財である釈迦堂での坐禅会は、薄暗い堂内にろうそくが灯され、一歩中に入ると神秘的な異空間が広がる。そこで、心のあり方について語る阿さんの法話は、参加者の心に深く静かにしみこみ、いつしか雄大な禅の世界へと誘《いざな》われていく。

「坐禅をしていると、いかに自分が〝思考〟に振り回されているかに気づかされます。

私たちは、つい過去の自分、将来の自分、他人の目に映る自分にとらわれがちですが、それらはすべて思考がつくった幻想。本当の自分は今この瞬間にしかありません。幻の自分を追いかけて、今がうつろになってしまっているから、必要のない心配事や不安で心がいっぱいになるんです。坐禅を通して、〝今この瞬間〟に意識を戻し、今の自分が自分であると100パーセント認めてあげる。すると、いろいろな悩みから解放され、人生すべてが満ちていくのではないでしょうか」

坐禅を通して学んだことは、まだまだあると、阿さんは続ける。

「人生は先が見えない迷路みたいなものかもしれません。でもそれは行き止まりのない迷路なんです。普通、迷路は行き止まりがあるので、ゴールは正解と不正解に分かれますが、行き止まりがなければ、どの道を選んでも必ず出口につながる。だから、どんな状況でも自信を持って今の一歩を踏み進めればいいんです。坐禅を学び、私自身そのことが実感できました」

情報収集や交流のために、様々な寺を訪ね、阿さんは地方も飛び回る。「圓融寺の阿さんはすごい」と宗派を超えた若手僧侶たちが口々に語るほど、その活動は精力的だ。

「休みはほとんどありませんが、楽しいことをやっているから疲れません。でも、まだやりたいことの100分の1もできていないんです。近い将来、実現させてみたいのは、『抜苦与楽カフェ』というアイデアです。『抜苦与楽』とは、仏さまが生きとし生けるものの苦を抜き去り、楽を与えるという意味。圓融寺のイベントに参加した方にポイントを差し上げ、お寺の中だけで使える通貨として貯めて、『抜苦与楽カフェ』で自由に通貨を使えるようにするというプランです。境内で行う様々なイベントに参加できたり、気に入った場所でどこでもお茶が飲めたり。お檀家さんであれば、お墓の前でご先祖さまと語り合いながらコーヒーで一服とか。実現できるか分かりませんが、できたら素敵だと思いませんか？　ほかにも、仏教に興味を持った方のために、入門から仏教を学べる〝プチ仏教大学〟もつくってみたいなぁ、と考えたりしています」

奇をてらったことではなく、お寺本来の機能を発揮させたいという阿さん。そのアイデアとエネルギーはつきることがない。

「私は、お寺という空間は、いわば〝縁のハブ空港〟のようなものだと思っています。お寺に来た方々が人や出来事に出会い、その縁がきっかけで人生の新しい道が開いていく。最終的には本当の自分に気づいてもらうのがお寺の役目で、そのコーディネーターがお坊さんなのでしょう。私自身、煩悩ばかりで、人生の迷子みたいなものです。でも、同じ迷子なら一人よりも、多くの人と、迷子を楽しみたいと思っています」

経王山　文殊院　圓融寺
天台宗
東京都目黒区碑文谷1-22-22
電話　03-3712-2098
JR目黒駅より東急バス大岡山小学校行き乗車20分「碑文谷二丁目」下車
http://www.enyuu-ji.com/
【お寺の見所】東京都区内最古の木造建築「釈迦堂」（室町時代）は国の重要文化財指定。「黒漆塗りの仁王像」（永禄2年・1559年作）は東京都の指定文化財指定。

イベント

写経と仏典に親しむ会
毎月1回　1時間半〜2時間
費用：お賽銭程度

ちょっと坐ろう会（朝禅・夜禅）
毎月1回　最終週の水曜
8:00〜、20:00〜　40名　無料

金曜夜禅
毎月1回　最終週の金曜
19:00〜21:00　無料

禅×YOGA×アーユルベーダ
毎月1回　3000円。

トークセッション“おせっかい上等”
タオ書画体験教室
寺Jazzなど他多数あり

寺ネット・サンガ

「宗活」の場を提供

医師や病院を選ぶように、お寺やお坊さん選びも、もっと自由でいいと思う

東京・日本橋、ビジネス街の、とあるビルの一室。貸会議室で、一般の人とお坊さんたちが気軽に語らうコンパ「坊コン」が月に1回開催されている。これは一般人と、宗派を超えた僧侶、葬儀社、医療・法律関係者など人生のエンディングの専門家といった仲間（＝サンガ）とが出会うための場所。参加者から寄せられた、お布施に関すること、葬儀の事前相談やお墓の悩みなど、あらゆる疑問に答えてくれる会だ。主催しているのは、「寺ネット・サンガ」。

毎月、様々なテーマを設けて意見を交換し、一般人が実際にお寺や葬儀社とのやりとりで、知識がなくて困っていることを専門家とフランクに語り合えるとあって、多くの人が集まっている。

「私は一般家庭に生まれましたが、祖父母を自宅で看取《みと》ったことをきっかけに、大学院で終末期医療や看護を学び、死の問題を突き詰めようと真宗大谷派の僧侶になりました」

代表を務める祐光寺の僧侶・中下大樹さんは、新潟県長岡市の緩和ホスピスで宗教者として3年

間勤務する中で多数の看取りや遺族ケアにあたり、死の周辺のプロフェッショナルになることを決意。2008年に超宗派の寺院ネットワーク「寺ネット・サンガ」を設立した。

「『坊コン』では、専門家と一般の方が意見交換し、懇親会でお酒を飲み、お坊さんも一人の人間だと知ってもらうことで、参加者がお寺に行くきっかけを作りたかったんです。実際に菩提寺のない方が、『サンガ』のお坊さんの檀家になったケースもあります。医師や病院を選ぶように、お寺やお坊さん選びも、もっと自由であってほしいと思って」

今、中下さんが力を入れているのは、孤立死防止の見回りや葬送支援など「いのち」を見つめる活動だ。09年、群馬県の老人施設「静養ホームたまゆら火災事件」で追悼法要を行ったことをきっかけに生活困窮者の葬送を支援する活動を開始し、以来、誰にも看取られず亡くなった死の現場への立ち会いは、500人以上にのぼる。

「最近、〝お一人様〟が増えましたが、家族を持つ煩《わずら》わしさがない一方、孤独死の心配も無視できなくなりました。『寺ネット・サンガ』は、そんな方達の生老病死の悩みのセーフティネットになることを目指しています。

今まで2000人のお葬式に立ち会いましたが、その7~8割が通夜・葬式のない火葬だけの直葬でした。全国平均でも百数十万円かかると言われる葬式代が出せない、人と縁をつなぐ地縁・血縁・社縁（会社の縁）が崩壊し、絶縁してしまっている。葬儀社や僧侶のあり方への批判……直葬が抱える現実を見て、私は宗教的つながりの中で関わりたかったんです。

人生の終焉《しゅうえん》に向けた『終活』が注目を浴びるようになりましたが、介護、葬儀、相続など事務的なことがメインで心の問題が抜け落ちている。そこを補うのが宗教の役割です。自分らしく生きるためにも、家族、地域、会社という縁を超えた、宗教という第4の縁を生む『宗活』の必要性を感じている人が増えているのではないでしょうか。だからこそサンガ（＝志のある仲間）という束縛のないゆるいネットワークから定期的に集まれる場が、悩める人の伴走者としての松葉杖のような役割になれればいいと私は考えています。

人によって受けた傷は、人によって救われます。生きづらさを抱えたままでも、安心して弱さを共有できる場、それがサンガです。あなたも仏の教えをサンガで感じてみませんか」

寺ネット・サンガ
超宗派
東京都中央区日本橋3-2-14　日本橋KNビル4F（事務局）
※坊コンの会場とは別。
☎03-5201-3976
http://teranetsamgha.com

坊コン
［プログラム・日程］月1回18：30～
参加費は喜捨制　要予約
※日時と場所はホームページで随時告知。

縁の会

お寺の持ち回りで、お坊さんと語り合うイベントを開催

様々な催し物と懇親会で仏教やお坊さんと、もっと気軽に縁を結んでほしい

「縁《えにし》の会」は、東京・浅草にある浄土宗のお寺の若手僧侶が集まって結成した会。

その主催イベント「茶坊《さぼう》えにし」は、1ヵ月半に1度、メンバーのお寺の持ち回りで開催されている。前半はお坊さんと話ができる喫茶、後半はそば打ち体験や僧侶による雅楽の演奏会などの催し物という二部構成で、終了後には懇親会も。参加者は20~40代の女性が中心で、地元・浅草の住民だけではなく、会社の同僚同士や、地方出身者が同郷の人と誘い合ってなど、この集まりが縁で新たに友達ができたという人も多いという。

「『縁の会』結成のきっかけは、東日本大震災の被災地でのボランティア活動です。浅草から仮設住宅の集会所へ、浄土宗の僧侶が週1回、2~3人ずつ、被災者の話を聞きに行っていました。喫茶室でお茶とお菓子を食べながら、雑談したり、僧侶相手ならではの生死に関わる相談にのり、葬儀に関する質問をお受けしていたんですが、震災から1年後、被災地からの帰り道にふと、東京で

もお寺に関わりたい人がいるのではないか、お茶を飲みながらいろんな方と話をすることで、もっと人の力になれるのではないかという話になったんです」

と話すのは「縁の会」代表の長壽院執事・北川琢也さん。そして偶然にも、被災地から戻ったその翌日のこと。フリーペーパー「フリースタイルな僧侶たち」を愛読する関西出身の女性2人組が、東京では長壽院が冊子の協賛寺院と知り、冊子を求めて北川さんの寺を訪ねてきたのだ。

「『フリースタイルな僧侶たち』には仏教関連のイベント告知がたくさん載っているので、思い切って彼女達に、お寺が主催するイベントに興味があるかどうか聞いてみたんです。すると、かなり興味があると言う。まさに昨日の今日で、そういう需要があると聞いては、『これはもうやるしかない!』と。ボランティアに一緒に行っていた2人の僧侶とすぐに『縁の会』を結成し、イベントは『茶坊えにし』と命名しました。

当初は、喫茶と談話だけにしようと考えていましたが、それでは『お坊さんと話す』という目的を明確に持っている人しか足を運ばないのではと思って、何か楽しめることを一緒にやり、その前後でお話をするという流れにしました。もう少し活動が定着したら、場所を借りて喫茶室を常設し、『縁の会』主催だけではなく、地域のお寺のイベント情報も提供できるようにしたいです」

「茶坊えにし」の〝催し物〟は、毎回実に多彩。たとえば2013年の年末の会では新年を前に〝ビジョンマップ作成〟に挑戦した。これは皆で持ち寄った雑誌を見ながら、各自、ピンときた言葉や写真を切り取り、B4の紙にペタペタ貼り付けていくというもの。自分だけのマップを作ることで、なりたい自分や、やりたいことが明確になり、夢を引き寄せるには有効な方法だと言われている。完成後は一人ずつ発表し、皆で声を合わせて「あなたのビジョンは叶《かな》います」と声援を送り、会場は温かい雰囲気に包まれた。ところで北川さんのビジョンはどんなことだろうか?

「浅草は、古い土地柄のためお寺も多く、狭い地域にさまざまな宗派のお寺がひしめいています。お釈迦様の誕生日を祝う花祭りなどで他宗派のお寺と交流することもよくあり、曾祖父の代からの付き合いなので、つながりも深いです。その縁を活かし、お寺同士が宗派を超えて連携して、こちらのお寺ではミニコンサート、あちらでは座禅といった大きなお祭りをしてみたい。参加者がお寺を一日中満喫できる、そんなお祭りができたら、うれしいです」

縁の会
浄土宗
sabou.enishi@gmail.com
http://www.facebook.com/sabou.enishi
Twitter:@sabouenishi

イベント

茶坊えにし
[プログラム・日程]1ヵ月半に1回、基本、毎月最終土曜日に、浅草近辺のお寺で、写仏や雅楽演奏会など様々なイベントを開催中。
※日程、場所、催し物の参加費(500円)は、メールでお問い合わせ、あるいはFacebookで随時告知

〝地域の教育文化の振興〟に特化した実験的なお寺

應典院

人はみな、つながりの中で生かされているということを、アートを通して実感してほしい

日本で一番若者が集まるお寺——!! そう自負しているのが大阪市天王寺区にある應典院《おうてんいん》だ。檀家さんがいない、お葬式をしない、風変わりなお寺。けれどもかつてのお寺が〝地域の教育文化の振興〟という役割を担っていたことに立ち戻り、その部分に特化して1997年に再建された浄土宗大蓮寺の塔頭《たっちゅう》寺院だ。打ちっぱなしのコンクリートに大きなガラス窓。たくさんのイベントチラシが置かれた開放的な明るいエントランス。円形ホール仕様の本堂やセミナールームでは、「気づき、学び、遊び」をコンセプトに、演劇、音楽会、講演会、作品展、映画上映などさまざまな独創的な催しが開かれ、毎回定員を超えるほどの盛況ぶりを見せている。

「身体で感じることが原点。仏教の死生観や、仏教が大事にしている〝縁起〟——人はみな、つながりの中で生かされているということを、アートを通して実感してもらえたら」

そう話すのは、大蓮寺の住職でこの應典院の住職も務める秋田光彦さん。秋田さんはもともと出

版業界で映画祭の企画・宣伝を担当、その後映画制作会社を設立し、プロデューサー・脚本家として『狂い咲きサンダーロード』『アイコ十六歳』などを発表した異色の経歴を持つ住職だ。

應典院に集う劇団員の若者達への法話は年40回以上。月一回、医療や介護など「いのち」の諸活動に携わる人を招いて、参加者が共に語り合う「いのちと出会う会」の開催など、考える場、交流の場は他にも盛り沢山。

中でも興味深いのが、年末恒例「自分感謝祭」だ。これは一年の締めくくりに自分自身を見つめ直し、自分を供養しようという應典院オリジナルの音楽法要で、オルガン演奏と美しい照明に包まれ、静かに自分と向き合って過ごすというもの。このほかNPOと協働したエンディングサポートも開催。年齢や職種を超えた、ここでしかできない出会いを、様々な形でサポートしている。

應典院
浄土宗
大阪市天王寺区下寺町1-1-27
☎06-6771-7641
http://www.outenin.com/

イベント

コモンズフェスタ
[プログラム・日程]1月中旬
アートと社会活動のための総合文化祭。毎年新しいテーマを掲げ、トーク、演劇、展示、ワークショップなどを行います。

寺子屋トーク
[プログラム・日程]年数回
教育、福祉、アート、宗教、まちづくりなどの分野の実践家や研究者を招き、講演やシンポジウムを行います。
[参加費]1500円

自分感謝祭
[プログラム・日程]12月終わり頃
自分の一年間を振り返り、静かに自分自身を供養する音楽法要。終了後、年忘れ交流会を開催。
[参加費]無料(交流会参加費1000円)
＊飲み物代＋食料品1品持参

おてらハウス

お寺が手掛けるギャラリー&カフェ

アートが好きな趣味を活かして、〝人が集う場〟をつくりました

多くの大本山寺院が集まる京都では、ビルが立ち並ぶ街中でも、大通りから一本入れば小さなお寺にしばしば出くわす。たとえば四条烏丸《しじょうからすま》に近い仏光寺通界隈《かいわい》もその一つ。浄土真宗佛光寺派本山佛光寺と周辺に点在する塔頭《たっちゅう》（末寺）が、落ち着いた町並みを形成しているこの一角に、ギャラリー&カフェ「おてらハウス」はある。

佛光寺六院家の一つ「大善院」の24世住職の佐々木正祥《せいしょう》さんが、2005年に境内に建設。ドイツ出身の建築家の設計による建物は、蔵をイメージしつつ、自由な発想でリラックス感漂う空間に。吹き抜けになっていて、階段とスロープのどちらでも上がれる2階部分がギャラリー、1階奥には小さなカフェスペースが設けられている。玄関も段差のないバリアフリー仕様で、訪れるすべての人にやさしい。

「本山や観光資源のあるお寺と違い、うちは法事など檀家さんとのお付き合いが主で、一般の方が

あまり来られませんでした。でも、かつてお寺は地域の人が集まる文化交流の場だった。大善院もその役割を果たすべきじゃないかとずっと考えていて、〝人が集う場〟として、アートが大好きな私自身の趣味を活《い》かしたギャラリーを作ることにしたんです」

と、佐々木さん。副住職の時から兼業で府立盲学校に勤めていたが、00年に学校を退職。これをきっかけに開設への準備にとりかかった。現在「おてらハウス」は、1日から借りられる貸しギャラリーとして使用され、時にはお寺の企画で作品展を行うことも。坊守《ぼうもり》（浄土真宗で住職夫人のこと）の美也子さんが支配人を務め、二人三脚でお寺の新しいあり方を模索中だ。

これまでに佐々木さんの思い出に残っている印象的な企画は？

「お坊さんたちの作品を集めた『平成画僧展』も企画しましたが、ここ最近では13年7月に開いた『妖怪イベント』が大人気でした。大善院に〝大蜘蛛伝説〟が残っていることから、妖怪のイラストやフィギュアなどを集めたら大盛況で。文学部で『百物語』を研究しているゼミの大学生さん達や、作家の京極夏彦さんまで寄ってくださったんです。好評につき、14年夏も計画中です。

この他、私も坊守も福祉関係の仕事にいたご縁で、障害者芸術の作品展も開催しています」

館内は、昔から漫画好きで、住職向け月刊誌に一コマ漫画のコラムを連載している佐々木さんがパソコンで描いた絵や紙粘土オブジェなどの作品も飾られ、絵画、写真、陶芸などアーティストの作品や仏教や福祉関連の展示、またワークショップや講演会にと、幅広く利用されている。

寺が経営している安心感や興味から、このギャラリーを使う人も増えており、訪れた人が気軽にお寺をお参りする姿もよくみかけるようになったという。

「昼だけではなく、夜の部もあります（笑）。坊守が約2ヵ月に一回主催する『みやこの部屋』は19時開始で、利き酒をしながら尺八やお経のコラボを楽しむ会です。春には庭の夜桜を観ながら利き酒を楽しむ予定です（詳細はFacebook参照のこと）」

そんな佐々木さんのこれからの夢は、自身による「一コマ漫画」の個展。そして、本堂で映像と音楽を使って行う法話イベントだ。

「もっと定期的に、若い人にもわかりやすい法話とライブをセットにしたワンコインイベントとか、写仏を利用したセラピーとか……お寺だからできることを、これからもっとギャラリーから発信していきたいと思います」

真宗佛光寺派　大善院
浄土真宗
京都市下京区高倉通仏光寺下ル新開町397-9
☎075-351-4883
（11:00～18:00）

[参拝時間とお休み]非公開（希望があれば対応）
http://www5c.biglobe.ne.jp/~DAIZENIN/
地下鉄烏丸線四条駅から徒歩8分、阪急京都線烏丸駅から徒歩5分

イベント

大善院ギャラリー「おてらハウス」
[営業時間]11:00～18:00（日曜～17:00）
※ギャラリーは展覧会がある時のみ営業。スケジュールはホームページなどで確認のこと。
※ブレンドコーヒー400円
http://www.oterahouse.com/
フェイスブックはhttps://ja-jp.facebook.com/oterahouseへ

光明寺

大都会の真ん中で癒しのひとときを

お寺カフェと寺ヨガの先駆け。「神谷町オープンテラス」と「テラヨガ」

木々の間を吹き抜ける風が心地良い、光明寺の「神谷町オープンテラス」は、東京タワーも間近に見えるロケーション。本堂前の広い縁側を開放し、春～秋は週2回程度、予約者優先で、店長を務める僧侶・木原祐健《ゆうけん》さんが、お茶と手作りの和菓子でもてなしてくれる、〝お寺カフェ〟のパイオニア的存在だ。神谷町近辺に勤める会社員やOLが、仕事の合間やランチに気軽に立ち寄っている。

サラリーマン家庭に育った木原さんがお坊さんになった経緯は、ちょっぴりユニーク。大学卒業後、光明寺の境内にある建物に住んでいた僧侶で友人の松本紹圭さんを訪ねているうちに、彼から誘われてテラスの店長に。4年後に得度した後、東京仏教学院で研鑽を積んだ。

「訪れる人の苦しみや悲しみに触れるうちに、仏教に興味を持つようになり得度しました。東日本大震災を機に不安を訴える人が増えたため、現在は定期的に皆さんのお話を聴く活動もしています」

木原さんが相談者の話を聴く〝傾聴〟は毎週木曜日、一回50分で一日3回。

「現代人のライフスタイルは、緊張感を強いられる場面が多々あります。ここに来たら、手を合わせ、安らかで穏やかな気持ちになってもらえると嬉しいです」

一方、境内や、月１回は本堂でも開かれるヨガ教室は、２０１４年７月に10年めを迎え、ますます盛況。お寺の静寂とろうそくの明かりのもとに、仕事帰りの会社員達が続々と集まってくる。

「平日の夕方６時半開始は、会社員には少々早めで厳しいかもしれませんが、１日くらいは残業を切り上げ、ゆっくりヨガを楽しんで欲しいと、あえてこの時間にしました」

と、指導者のａｃｃｏさん。仕事先から慌てて駆け込む参加者にオープンテラスの木原さんが、時に温かいお茶をだし、法話を行い、ゆっくりと「お寺時間」に導くことも。ヨガを終え、軽くなった体を、東京タワーと夜空の大きな月が見送ってくれるのも、この教室ならではの醍醐味だ。

光明寺
浄土真宗
東京都港区虎ノ門3-25-1
東京メトロ日比谷線「神谷町」より30m
kamiyacho@komyo.net

イベント

オープンカフェ「おもてなし」
4月中旬～11月中旬
毎週水・金曜　11:00～14:00
[参加費]無料　要予約

傾聴
毎週木曜11:00～14:00
[参加費]無料　要予約
(予約)www.komyo.net/kot/

テラヨガ
毎週水曜18:30～19:45
[参加費]体験無料　要予約
予約：acco-sriramjayaram@hotmail.co.jp

第2章

「ボランティア」で自分を変える

仏教は、じわじわ心に効く薬だ

「実は二股かけているんです」
「職場の人間関係に疲れました」
「なにか憑《つ》いてそうな気がするんです」
「もう死にたい……」

カウンセラーの看板を掲げているわけでもないのに、お坊さんである私のもとにはやたらと悩み相談が寄せられる。「なまぐさ坊主」「坊主まるもうけ」なんてネガティブな言葉で呼ばれる損な役回りかと思いきや、お坊さんは頼られる存在でもあるらしい。「自分も同じ悩める人間なんだけどな」とむずがゆく思いながらも、とりあえず話を聞く。

「二股かけています」という告白を受け、「仏教的には邪淫《じゃいん》はいけません」と模範回答で返すのは簡単。だけど、それでは納得してもらえない。「なにか憑いてそうで」とおびえた顔で相談されても、不運の連続をそう思い込んでいるだけかもしれない。職場や家庭の悩みを持ちかけられて、うかつに頷いて聞いていたらトラブルを助長することも。「死にたい」なんていう文字通り命がけの悩みはなおさらである。相手の言葉や表情を丁寧にうかがいながら、ほどよい解決策を地道に一緒に探していく。

心の悩みなら、精神科や心療内科にかかって、薬を処方してもらってもかまわないはず。薬の効能よりも、お坊さんの法力がすごいなら話は別だが、さすがに私には読経一本で鬱病を癒せるほどの自信はない。それでも、悩み抜いた末にお寺に来る人があとをたたないのは、そこに「薬」があると感じさせるからだろう。では、仏教は、どう「薬」になるのか。

それは、迷い多き私たちの存在を肯定してくれることだと思う。病気だという診断をくだして病人扱いするのではなく、静かにゆっくりと悩みに向き合う。悩みは日々どんどん湧いてきても、そのたびに心をときほぐして、一つ一つ乗り越える力を身につけていく。お釈迦さまが達した境地ははるか彼方《かなた》にあるが、どんな人も努力次第でたどり着けると信じている。

だから、門前に「あなたのお話お聴きします」と掲げる正山寺住職の前田宥全さんのように、お坊さんはひたすら悩みを聞く。これはなにも、悩みを聞いてあげようという恩着せがましい態度ではない。修行して己の慢心を捨てるなら、ひとりでに人の痛みに敏感になる。苦しむ人々に向き合うのは簡単なことではないが、そこに気負いなんて必要ない。

私たちの人生の中で、確かな未来に手が届きそうでポジティブに進んでいける瞬間は少なく、将来がたまらなく不安で、弱気になる日々のほうがずっと多い。お経に説かれているように「己こそ、己のよるべ」だとわかっていても、時に悩みをはき出さなければつぶされてしまう。だから悩みに向き合い、あたたかく寄り添ってくれるお坊さんがきっと求められている。

仏教らしいセーフティネットを国際的に築こうとする取り組みもある。

勝楽寺《しょうらくじ》住職の茂田真澄《しげたしんちょう》さんが立ち上げたNPO法人「アーユス仏教国際協力ネットワーク」のスローガンは、「世界にお布施」である。「お布施」のもともとの意味は「与える」こと。広くお布施することが仏教徒の大事な徳目であるが、これは裏を返せば誰しも自分のものを惜しいと思うからである。身を削ってお布施をすることで、自分自身のとらわれの心はなくなる。善意のお金が国境を越えて人々の心を潤してつないでいくから、豊かな世界が実現される。仏教の心を現代にわかりやすく伝える試みである。

そういえば、子どもを自死で亡くした母親が、語ってくれた。

「子どもを失って初めて、お寺で手を合わせたいと思いました」

それでいいんだろうと思った。病院だって行かなくてすむなら、そのほうが断然いい。でも、いくら健康に自信があっても、評判のいい病院が近所にあるほうが安心して暮らせる。この章で紹介するお寺もそうだ。今、「訪ねなくてもいいお寺」かもしれないが、いつでもあなたを受け入れてくれる。知っておけば、安心して生きられるに違いない。

現代の寺子屋誕生！

ちゃれん寺

いつでも学べる。何度でもチャレンジできる。そんな自由な場を、子ども達に作ってあげたかった

「その昔、お寺には〝寺子屋〟という、子ども達の学《まな》び舎《や》があった。貧しさで優秀な子どもが進学できないとき、村人が総出でお金を出し合って応援もした。今、困っている子ども達に何が出来るかを考えたら、〝お寺なら寺子屋があるじゃないか〟と、自然に辿りついたんです」

名古屋、大雄山性高院《しょうこういん》。かの徳川家康の第四子・松平忠吉の菩提寺でもある由緒正しい寺院が、「ちゃれん寺」という別名を掲げ、２００７年からユニークな活動を始めている。住職の長男・廣中大《ひろなかだい》雄《ゆう》さんが幼稚園教諭の資格を取り、取り組んでいるのは「現代の寺子屋」づくりだ。

児童養護施設の生徒、父子家庭、母子家庭、年収２００万円以下の一般家庭の子どもを対象に、「勉強したいのにお金がない」困っている子ども達のための教育の場。中学生を対象に、現在10人前後が通っている。教科書代はもちろん、授業料もいっさい無料だ。

「名古屋では今、離婚率が高く、母子家庭の貧困率も60％という数字が出ています。育児放棄や虐

待を受けて、生きる意欲が低くなっている子ども達を助けたかったんです」

お寺は一筋の光明を照らす場所であるべき――貧困支援の道を考えたとき、廣中さんが考えたのは、檀家ならぬ、〝お暖家〟制度。

「もし貧困支援を目的にNPO法人を立ち上げたら、事務所の確保、事務員の人件費などどんどん経費がかかってしまい、収益が必要になります。が、実際に利用する人たちにはお金はないし、募金や寄付も日本では集まりにくく、不安定な収入で運営するのも難しいことです。

でも、考えてみたら私たちには『寺』という場所がすでにあるから、場所代を払わずにすむ。それに檀家さんには様々な職種の人がいるので、そのネットワークを活かさない手はありません。

塾の「名学館」、佐藤剛司代表が塾講師を派遣し、教材も提供してくれるおかげで、生徒は無償で授業を受けられますし、他にもこの寺子屋では弁護士の先生が公民を教えたり、プログラマーが算数を教えたり。勉強だけではなく、ときには〝速く走ること〟が授業になることもあります。いずれも第一線で活躍している社会人講師たちが自分の得意な分野を教えているんですから、本当に贅沢なこと。勉強は教えられないけれど、という方は、おやつの差し入れや、自分の会社で職場体験（丁稚奉公）する機会を与えるなど、様々な協力の形があります」

このサポーターのみなさんを〝暖家さん〟と命名。ちゃれん寺のお坊さんが、暖家さん宅の法事や葬式で読経したときにいただくお布施を「ちゃれん寺」活動資金にあてることもある。

大雄山性高院では、毎月の先祖供養のお参りやペット供養、お盆のお参りのお経は一律5000

円。お葬式のお経は5万円。暖家さんの戒名は、どれだけちゃれん寺の活動に時間・労力を費やしたかを考慮して、つけていくという。他に例を見ないこの活動は徐々に知られていき、マスコミからの取材も増えていった。

2012年1月、中日新聞に掲載された記事を読んで応募、晴れて先生となり、毎週日曜に通ったのは、医療事務の仕事に携わる杉本亜貴子さん(32歳)。

「大学時代からボランティアで施設に行ったり子どもの世話をしていたんですが、仕事が忙しくなって遠ざかってしまって。そんなときに新聞記事を見つけ、ここならお手伝いできるかも！と連絡したんです。背中を押してもらった気がしました」

寺子屋の名〝ちゃれん寺〟には、廣中さんの想いが詰まっている。

「学生時代にオーストラリアに留学して、本当に驚いたんです。ここは、再チャレンジできる国なんだなあって。大学を出なくても10年間、何かの仕事に就いていれば大学院に入れる。経験を重視する国なので、学科長が認めれば、50〜60歳のサラリーマンが働きながら大学や大学院で学べます。日本では一度『学びたい』というレールから外れたら軌道修正もしにくいのに。そんなふうに何度でもチャレンジできる機会があることに、僕は憧れたんです。だから、子ども達がいつでも戻ってこれる場所を作りたかった。学ぶことは生きるうえで、一つの大きな支えになりますから」

困っている子どもは、もちろん全国にいる。廣中さんの夢は、全国8万の寺、30万人の僧侶、6000万人の信者に、寺子屋の志とネットワークが少しでも広がっていくことだ。

「規模も小さくてなかなか広がらないし、厳しいことばかりだけれど、続けていくしかないです。続けることで、他県のお寺からも見学にきてくださったり、こうした取材をきっかけに少しずついろんな人に広まってもいきますから。先日も問い合わせがあり、高校2年生の男の子が先生希望でやってきました。寺子屋の生徒達にもいろんな人生経験のある人と出会ってほしいと思ってお受けしましたが、年齢の近い先生だけに生徒もなついて、なんだか楽しそうなんです」

もうすぐ最初の卒業生が、20歳になるというちゃれん寺。廣中さんの今の楽しみは彼らと一緒にお酒を飲むことだと言う。

「僕は、お寺が今までの歴史の中で繋いできた〝ご縁〟が生む可能性にかけてみたいんです。お暖家さんと、子ども達の成長をずっと見守っていきたいと思っています」

大雄山性高院
浄土宗
名古屋市千種区幸川町3-6
☎052-781-1397
FAX 052-782-9876
http://shokoin.jp/challenge/

イベント

現代版てらこや
貧困層の困っている子ども達のための寺子屋

駆け込む寺
困っている子どもやシングル家庭のため、相談&短期宿泊も対応

長屋プロジェクト
コンセプトは〝ビッグファミリー〟。苦学生や身寄りのない高齢者を支援、新しいご縁をつくるためのプロジェクト

無償お葬式
「払えない方からはいただきません」。お葬式代のない方にもできる限りのお手伝いをするサポートシステム

正山寺

菩薩行の教えでのべ800人の悩みを聴き続ける

この80分は、あなたとしっかり向き合います。いつか困ったとき、この寺が頼れる場所になれれば、と思います

「あなたのお話　お聴きします」

門前のポスターやホームページに大きくその言葉を掲げて、ほぼ年中無休で、のべ８００人もの悩める人の相談にのってきた。それが正山寺の住職・前田宥全さんだ。

「私は東京、江東区にあるお寺の三男に生まれました。父はいつも本堂を開け放していましたから、参拝者がひっきりなしで。お参りの後に本堂にいる父に話しかける方や、相談だけしに来る方、父に話しながらその場で泣く方を見ては、深刻な話をしているんだなと子どもながらに感じたこともあります。父を見るうちに、いつも相談者に真摯に向き合っている姿が、私のあるべき僧侶像となりました」

母の実家の正山寺を継いで住職となった前田さんは、「聴く」僧侶として、人々の悩みと向き合う道を選んだ。相談者は、近所の人や近隣に職場のある人はもちろん、ホームページ経由で地方在

住者や遠く海外で暮らす人まで。かつては中高年女性が多かったが、不況の時代を反映してか、近頃は40～50代サラリーマン男性が増えており、時には国際電話でヨーロッパから悩みを打ち明けてくる人もいるという。

「相談時間は、一回80分で、一日4人まで話を聴きます。時間を限定するのは良くないという意見もありますが、これは80分、私はあなたとしっかり向き合いますという気持ちの表れ。相談者の安心感につながると思っています」

一人でも多くの悩める人たちの役に立ちたいと、寺のトイレの洗面所には「あなたのお話　お聴きします」という言葉と、正山寺の電話番号を書いた小さなカードを置いていた前田さん。

「法事で集まった方がふと目にして、そのまま持って行きやすいようにと、小さなカードにしてみました。いつか困ったときに、ここを思い出してほしくて」

限られた時間内で、より適切な対応ができるようになりたい、そんな想いから、メンタルケア協会の精神対話士の資格を取り、臨床心理士などの勉強もしてきたが……。

「精神対話士の資格が相談の指針になると取得しましたが、学びや実践を重ねるほど、その多くが仏教で説かれていることに気づきました。人と相対する時には優しい目を向けましょう、その人のために何ができるのか考えてみましょうという仏様の教え、菩薩行を実践しようという想いがあれば、どんな場合にも対応できると、ある日、わかったんです」

現在、前田さんは、「自死・自殺に向き合う僧侶の会」の共同代表も務めている。この会は手紙相談が中心で、質の高い対応ができるよう、事後研修会、事例報告会、事例検討会を行い、関係する僧侶の間で問題を共有し、僧侶同士の気持ちの分かち合いもしている。

「一件の相談に担当者が1人、サポーターが2～3人つき、一緒に文案を考えています。大勢の人が関わるのは、1人の回答者の独りよがりな返信内容にならないようにするためです。また、具体的な方策が必要な場合も複数の人の知識があった方が情報も得やすいですし、対応の幅も広がるでしょう。回答は、人の温もりが伝わるよう、必ず手書きの手紙でお返ししています」

相談の手紙にすぐ返事をしたいと、いつも気にかけている前田さん。「たたずまいからして僧侶でありたい」と語る想いは、随所に滲んでいる。

永壽山 正山寺
曹洞宗
東京都港区三田4-8-20
☎03-3452-3574
都営浅草線泉岳寺駅から徒歩10分、東京メトロ南北線白金高輪駅から徒歩10分
http://shosanji.jp
[拝観料]なし
[駐車場]4台
[お寺の見所]受胎祈願・安産祈願・厄除け祈願等の本尊として信仰されている「烏枢沙摩明王（うすさまみょうおう）像」、講道館柔道の源流と言われている武術家の「陳元贇（ちんげんぴん）記念碑」

イベント

あなたのお話 お聴きします
随時　無料　要予約

天真寺

ボランティアで結ぶ人の縁

この世のあらゆる存在は、全てのものとつながっている。〝縁起〟の教えを常に実感しています

「大学時代は、良い大学を出て良い就職先に入り、良い給料をもらうことが幸せというステレオタイプの幸せ像を持ち、法学部出身なので司法書士や弁護士に憧れていました。でも世の中を知るうちに、競争社会を奪い合いの世界のように感じてしまって。一般的に豊かと言われることが、本当に人間としての豊かさなのか疑問を持つようになったんです」

天真寺《てんしんじ》の副住職・西原龍哉《にしはらたつや》さんはお寺生まれだが、大学在学時に母親の勧めで東京仏教学院に入るまで、仏教にまるで関心がなかったという。大学の講義終了後の夜間を利用して東京仏教学院に週5日通い、浄土真宗の教えを毎日4時間学習。教えを学ぶうちに、仏教は死んだ人のためではなく、本来は生きている人のために説かれたものだと知った。

「この世のあらゆる存在はそれだけで存在するのではなく、全てのものとつながっている――仏教の、〝縁起〟の教えに出合ったこと、そして『相手の喜びが私の喜び、相手の苦しみが私の苦しみ』

という阿弥陀如来の教えを知ったことが、私の人生を変えました」

大学卒業後、浄土真宗の教育施設・勤式《ごんしき》指導所でお経、作法、雅楽を1年、伝道院で法話を100日、龍谷《りゅうこく》大学の修士課程で教義を2年学び、すべての命が生かし生かされ合う〝縁起〟の深みをいっそう感じた西原さんは、その教えを実践する社会貢献活動を、天真寺を舞台に始めた。お寺でするボランティアは、名づけて「ボラン寺《テラ》」。「お寺に集まる人達を中心に、ボランティアをしたり、してもらったり。『できる人が、できることを』という想いを大切に、古切手やペットボトルのキャップ回収という身近な活動を続けています。集まったキャップは現在30万個にもなったんですよ。最近では法要に合わせて、東日本大震災復興支援として福島の野菜や特産品を販売したりしています。

また、『天真寺珈琲らんまんブレンド』というコーヒー豆も天真寺で販売していますが、これは、メキシコから適正価格で農産物を輸入するフェアトレードで取り寄せたものです。日本にいると安くて形の良いものを求めがちですが、そのことが現地の人々に低賃金労働を強いる場合もある。コーヒー豆は一例ですが、豊かさの分かち合いによって、人の笑顔の中にこそ幸せがあるのだという仏教の教えを実感してもらいたかったんです」

10時から16時まで一般開放している天真寺門前の芝生「天ちゃんパーク」では、月1回、このコーヒーの無料試飲会を開催し、取り組みを広くアピールしている。そんな西原さんが、この先、力を入れたいのは、小学生向けの「野菜作り教室」だ。

「天真寺は学校の通学路にあるので、門前にいるお寺キャラクターの『天ちゃん』石像を、子ども達が通りすがりになでていったりします。せっかくなじみのある場所ならば何かできないかと、『天真寺キッズクラブ』を結成しました。餅つき大会や夏休みの宿題会、親子落語会などのほか、5年前からは『天真寺ふれあい農園』で、野菜作り教室を始めたんです。都会にいると野菜はスーパーでしか目にする機会がなく、生長の過程を見ることはありません。そんな子ども達に、野菜を種から育てる体験を通して、命の大切さや、野菜が無事に育つよう願う気持ちを知ってもらいたい。ひいては、自分の成長を見守る親の気持ちにも気づいてもらえたら……というのが私の願いです。収穫した野菜は、バーベキューでみんなで食べます。野菜が育つのを喜ぶ子どもを見ていると嬉しいですねえ。こんなふうに、お寺から、命とこころの教育をしていきたいと思っています」

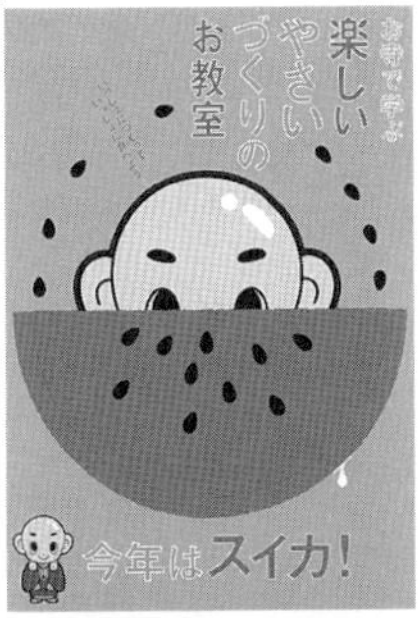

法照山　天真寺
浄土真宗本願寺派
千葉県松戸市金ヶ作106
☎047-389-0808
新京成線常盤平駅から徒歩7分
http://tenshin.or.jp
[拝観料]なし
[駐車場]50台
[お寺の見所]長崎県・山王神社の被爆した苗木をもらって育てた楠。

イベント

雅楽教室
毎月第3日曜15:00～18:00　5000円　要予約

写経の会
毎月20日午前11:00～12:00　500円　予約不要

クリスタルボウルヨガ
毎月第3水曜日　10:00～12:00

定例法話会
毎月20日　13:30～15:30　無料

傾聴で、人と人の心をつなぐ
プロジェクトダーナ東京

お話を聴き、みなさんの笑顔をみて、私が〝いただいている〟幸せを感じます

「ありがとう、また来てね」。高齢者施設の集会部屋のあちこちからお年寄りのみなさんの声が聞こえる。僧侶たちが一人一人としっかり手を握り合い、別れを惜しんでいる——これは「プロジェクトダーナ東京」に参加している僧侶や門徒が傾聴ボランティアに訪れたときの別れの様子。

築地本願寺内の仏教総合研究所（代表理事北畠晃融《きたばたけこうゆう》）が拠点の「プロジェクトダーナ東京」は、首都圏の特別養護老人ホームなどを定期的に訪れて話を聴く傾聴ボランティア活動を続けている。

「仏教では、人に何かをあげたり、してあげたりすることを〝布施〟や〝ダーナ〟と言います。お話を聴く活動は、いわば他者に自分の時間を差し出す〝布施〟ですが、皆さんが喜んでくれると私もとても幸せな気持ちになり、〝してあげている〟のではなく〝させていただいている〟んだという謙虚な気持ちになります」

と事務局の柴田仁諦《じんたい》さん。柴田さんは一般家庭出身で公務員退職後、僧侶養成機関・東京仏教

学院で学び、僧籍を取得。32歳で子どもの頃からの憧れの僧侶になった。

プロジェクトでは、各テーブルにメンバー1人とお年寄り2〜4人が座り、世間話や家族の話、時には戦後の苦労話までもが飛び出す。おしゃべりが盛り上がるころ、門徒の熊木博さんが尺八の演奏を始めた。千昌夫の「北国の春」や北島三郎の「函館の女《ひと》」……尺八に合わせてお年寄りも歌いだし、最初はか細かった歌声も徐々に明るく大きくなっていった。

「お話を聴くのがメインで、悩み相談のように具体的なアドバイスはしません。現在、首都圏在住の僧侶11名とご門徒5名が、一都二県7ヵ所の高齢者施設をそれぞれ月1回、訪れています。もっと幅広い世代の僧侶やご門徒に参加してもらい、この取り組みを全国に広げるのが目標です」

2013年12月には、東京都社会福祉協議会会長感謝状を受賞。認知度もさらに高まっている。

一般社団法人　仏教総合研究所
浄土真宗本願寺派
東京都中央区築地3-15-1
築地本願寺内
☎03-6410-6371
プロジェクトダーナ
http://www.projectdana.jp

築地本願寺

昼のオフィス街がお浄土に

ランチタイムにパイプオルガンコンサートを開催。
自らを省みるひとときを過ごしてもらえたら嬉しいです

僧侶がお寺を飛び出してボランティアをする「プロジェクトダーナ東京」だが、拠点を置く築地本願寺では反対に人々に来てもらうためのイベントが用意されている。地下鉄日比谷線築地駅を降りてすぐ、ひときわ目を引くエキゾチックな建物。地域のランドマーク的存在の本堂では毎月最終金曜の昼、パイプオルガンのランチタイムコンサートが開かれているのだ。

「仏教への関心を深めてもらおうと、必ず一曲は仏教讃歌を取り入れたり、配布するチラシに法話のコラムを設けたりしています。お葬式以外で仏教に触れる機会は少ないと思いますが、仏教讃歌や法話コラムに触れて、自らの生き方を省みる機会にしてもらえたら嬉しいです」

と、コンサートを担当する僧侶の石川勝徳《しょうとく》さん。予約不要で誰でも無料で鑑賞できるため、800名まで収容可能な本堂も演奏の開始時間にはほぼ満席になる。近隣のサラリーマン、パイプオルガン愛好家、そして観光客の姿も。男女比は女性のほうが若干多く、年齢層も幅広い。

「トランペットやバイオリン、ソプラノ歌手など、毎回違う分野の音楽家とセッションをしたり、パイプオルガンの仕組みについて詳しくお話しすることも。仏教に関心を持たれた方には、コンサート終了後に『常例布教』という法話の講座を設けています。みなさまが仏様の教えと出会い、心豊かに生きていただくのが、私たちの活動の最大の使命だと思っています」

このほか毎年四月には、お釈迦様の誕生をお祝いする「はなまつり」を開催。境内には子ども向きのアトラクションや有名シェフの逸品が味わえる飲食コーナーを設置、藪内流のお茶席も作り、子どもから大人まで楽しめる行事になっている。また、毎年恒例の盆踊りは、本格的な踊りだけでなく、なんと築地場外市場からのグルメ出店まであり、中央区「夜景八選」にも選ばれているほど。由緒ただしき築地本願寺の意外な顔、ぜひ一度体験してみてほしい。

築地本願寺
浄土真宗本願寺派
東京都中央区築地3-15-1
☎03-3541-1131
[参拝時間]境内6:00〜24:00、本堂6:00〜17:00(4〜9月は〜17:30)　無休
東京メトロ日比谷線築地駅から徒歩1分、都営地下鉄浅草線東銀座駅から徒歩5分、大江戸線築地市場駅から徒歩5分、東京メトロ有楽町線新富町駅から徒歩5分
http://tsukijihongwanji.jp
[駐車場]50台
[お寺の見所]本堂および周囲の大谷石積塀(国の登録有形文化財)、動物レリーフの数々

イベント

パイプオルガン ランチタイムコンサート〜2000の風〜
毎月最終金曜12:20〜12:50　無料
予約不要

常例布教(仏さまのお話)
毎週金曜 読経12:30〜、法話13:00〜14:30　無料　予約不要

※日程はホームページで随時告知
※開催日が変更の場合もあるので事前に要確認

仏教の死生観を通じて、生と死を考える
メッター

メッターとは、パーリ語で「慈悲」のこと。宗派を超えて、傷ついた人を救済する駆け込み寺

心に傷を抱え、希望を失っている人たちの助けになりたい。真言宗の僧侶として社会貢献に取り組んできた今城良瑞《いましろりょうずい》理事長が、2011年9月に立ち上げた「一般社団法人メッター」。「メッター」とはパーリ語で「慈悲」を表す。賛同するのは真言宗、浄土真宗、臨済宗など宗派を超えた僧侶たち。

「同じ大乗仏教の徒であるなら、慈悲に宗派の違いはありません。いじめ、虐待、DVなどの青少年問題の解消に、宗派の壁を越えて取り組んでいます」

平成17年に無料相談に応じるNPO法人「HAPPY FORCE」を設立。その後、2万人以上もの参加者を持つmixiコミュニティ『言えない心の傷』を管理運営し、過去のトラウマに苦しむ人たちと積極的に関わりを持つうちに「こんなに傷ついてしまう前に、もっと早い段階で、私たち僧侶に何かできることはないのか?」と考えるようになり、その思いが会の発足につながった。

少しずつ軌道に乗り始める中、力を入れているのが「メッターラボ」の運営。虐待やDVなどの被害者の自立を支援する試みで、たくさんの仏教書を用意し、僧侶による座禅や瞑想の指導なども行っている。

また、仏教の死生観を通して生と死を考える1泊2日の「〝生き直し〟ワークショップ」も随時開催。11年秋に実施されたワークショップでは、生死を題材にした映画の鑑賞、「もしも余命宣告を受けたとしたら残りの時間をどのように使うか」を考えるワーク、ろうそくの灯り一本で山から本堂まで歩く「夜の四十九日体験」を行うなど、活動も多岐にわたってきた。

「それでも高齢化、貧困、自殺など、社会には多くの課題が残っていますから、私たちの活動はまだまだ力不足。これからもできる限り様々な問題に取り組んでいきたいです」

一般社団法人 メッター
事務局
大阪府堺市堺区南半町西1-2-13
観月院内
http://metta.or.jp/

イベント

ワークショップ「円座」
輪になって座ります。話しても話さなくても自由です。
[日程]月1回　19:00～21:00
[場所]大阪市立男女共同参画センター西部館
[定員]8名(要事前申し込み)
[参加費]1000円

笑い、楽しみ、学べる、子どものための寺

童楽寺

勤行、掃除、食事など、生活のすべてを、できる限り子ども達と一緒に行い、心を通わせます

高野山の麓にある子どもの寺・童楽寺《どうがくじ》。住職の安武隆信《やすたけりゅうしん》さんと副住職の小林裕淳《こばやしゆうじゅん》さんが30代前半にして一念発起、古民家を買い取り、２００７年に建立した寺だ。山門はなく、本堂の軒下には色とりどりの国旗がズラリ。大人でも思わず中を覗き込みたくなるような、手作りのぬくもりがあふれている。

毎月25日は「童楽寺の日」。お茶菓子を用意したサロンが開かれ、仏事はもちろん結婚、子育てのことなど誰でも気軽に相談できる。

週末や長期休暇限定の「プチ一休さん体験」は、小学3年生以上の子どもを対象にしたお泊り学習。朝勤行《ごんぎょう》、仏具磨きに寺のお掃除、写経、数珠作り、農作業……。大自然の中で存分に川遊びをしたり、勉強したり。楽しみながら生活が学べる人気のプログラムだ。

和歌山県から「専門里親」の認定を受けている童楽寺では、事情を抱えた子どもたちが常に数名、

住職ファミリーと寝食を共にしている。

「勤行、掃除、食事など生活に関わるすべての仕事をできる限り子ども達と一緒に行います。同じ目線に立っての協働作業は、心が通じ合うようになるための第一歩ですから」

と安武さん。自身が親になったことを機に「世の中の子ども達のためになることを」と興《おこ》した童楽寺。寺子屋といえども特別なことは何もなく、「ありがとう」「ごめんなさい」の心を大切にし、1日の無事と感謝を祈りながら子ども達と暮らしているという。子ども達と接するうちに家庭の大切さをより痛感するようになり、現在、和歌山市の安楽寺とのコラボ企画として婚活イベント「お寺de縁結び」も年に数回開催、そこでゴールインしたカップルもいるという。子どもだけでなく、童楽寺は大人にとっても大切な絆を育《はぐく》む貴重な場となっている。

童楽寺
救世観音宗（真言宗）
和歌山県伊都郡かつらぎ町新城533-1
☎0736-26-0855
JR和歌山線「笠田」よりバスで約30分、「下新城俵橋」バス停 徒歩すぐ
http://www5.ocn.ne.jp/~dogakuji/index4.html

イベント

童楽寺の日
［日程・プログラム］
毎月25日　14:00〜16:00
サロンでの相談会のほか、写経体験もできます。
［参加費］無料　予約不要

プチ一休さん体験
［日程］夏・冬休み期間（8/8〜15、12/29〜1/5は除く）
事前説明会への参加が必要です。
［プログラム］お寺と自然の中での生活を体験。
童楽寺ファミリーと共に朝勤行、掃除、川遊びなどを行います。
［対象］小学3年生以上
［参加料］1泊4000円（保険料別途）

お寺de縁結び
［日程］年3回開催　要予約
［プログラム］写経、ティータイム、数珠づくり、トークタイムなど
［対象・定員］25〜45歳の男女　各12名
［参加料］3000円

勝楽寺

頼りにできるこころと命の相談所

支援先の国の人から「日本人はお金がないと幸せに見えないのが不思議です」と言われて、ハッとしました

「命より重いものはない」

そう語るのは、勝楽寺《しょうらくじ》の住職・茂田真澄《しげたしんちょう》さん。門前に「こころと命の相談所」の看板を掲げて20年、年中無休で相談にのってきた。予約せずに来る人の話にも、徹底的に付き合うのだという。

「8時間ぶっ通しで話を聴くこともありますが、苦ではないです」

お寺生まれで仏教系の大学を卒業した茂田さんが〝衆生救済〟に力を注ぐようになったのは、1982年にインドシナの難民キャンプに行った時の強烈な体験がきっかけだった。

「浄土宗の青年会で集めた募金を持って難民キャンプを訪ねた時、何万もの人が飢え死にしていく様子を間近に見て、衝撃を受けたんです。帰国後、自分に何かできないかと、数々のボランティア活動に参加し、1993年に『アーユス仏教国際協力ネットワーク』を設立しました」

超宗派の僧侶からなる「アーユス」は、貧困や環境破壊問題などに取り組むNGO（非政府組織）

を物心両面で支援している。困窮する人に確実に援助を届けるには、現地の事情をよく知るＮＧＯを助けるのが一番良いとの判断からだ。パレスチナやアフガニスタン、東ティモールなどの紛争地帯や貧困にあえぐ子供達を救うため、教育交流も行う。

「毎年、支援団体が、インドネシアやネパールなどのアジア諸国から研修生を迎えていますが、あるとき研修生に、『日本人はみんな親切。でも、お金が無いと幸せに見えないのが不思議です』と言われて、ハッとしました。彼らは援助で自分達の国が豊かになっていくのに感謝しながらも、お金に支配される資本主義社会を見て、不安も感じていたんですね。海外支援は与えるだけじゃない。こんなふうに大切なものを思い出させてくれる、素晴らしいものでもあるんですよ」

三寶山　紹隆院　勝楽寺
浄土宗
東京都町田市原町田3-5-12
☎042-722-3147（9：00〜17：00）
http://shourakuji.com
小田急線町田駅西口から徒歩20分、タクシーで5分。JR横浜線町田駅ターミナル口から徒歩5分
［参拝時間］7：00〜18：00
［駐車場］なし

イベント

アジアからの研修生を囲んで
年1回　参加費500円　要予約
※日程はホームページで随時告知。

こころと命の相談所
随時　無料　予約が望ましい

自敬寺

人と人とをつなぐ架け橋

人が心豊かに暮らせるよう、積極的に社会参加する寺院を目指しています

写経会、坐禅会、子ども会や女性会など、さまざまな活動を企画。大阪市・淀川区にある自敬寺《じけいじ》には、その精力的な取り組みに共感して多くの人たちが集まってくる。

そのほか、超宗派でNGOの支援や国際協力を行う「アーユス」、各界で活躍する人を講師に招き、講演会形式で生き方について考える「ライフ・パラダイム研究会」を開いている。この研究会では参加者自身が講師になって、自分の活動を語ることもあるのだそう。また、ベルマークや古切手、雑貨、着物などの収集ボランティア、バザー、女性の健康講座、「元気運動歩こう会」、東日本大震災被災者支援活動にも取り組んでいる。

住職の服部隆志《はっとりたかし》さんがこうした活動に熱心に取り組むのは、学生時代にお世話になった花園大学学長の山田無文《やまだむもん》老師、そして河野大通《こうのだいつう》老師の影響が大きいという。

アジア南太平洋友好協会の初代会長を務めた山田老師。「南洋の島々には太平洋戦争の戦没者が今

も眠っている。たとえ遺骨は拾えても、彼らの無念、望郷の想いは拾えない。私たちがそこへ出向いて島の人々と友好を深め、平和への道を歩むことが真の供養」という言葉に大いに感銘を受けた。

以来、国際的な活動にも目を向け、サイパン島と日本の青少年の交流をお寺で引き受けるなど、「社会参加する寺院」を目指してきた服部さん。月1回の坐禅会と写経会は前住職の頃から40年続く行事。坐禅の前には簡単なヨガもあり、体がほぐれやすいと初心者にも好評だ。坐禅会、写経会ともに予約不要で、思い立ったら気軽に参加できるのもうれしいところ。

「様々な活動を通して社会参加し、人々が心豊かな人生を送るために役立つことこそお寺の使命です。子どもから高齢者まで、これまでご縁のあった人たちがその後も度々お寺を訪ねてきてくれることが、何より大きな私の励みになっています」

東向山　自敬寺
黄檗宗(おうばくしゅう)
大阪市淀川区西三国2-12-43
☎06-6391-5348
阪急宝塚線「三国」徒歩10分
地下鉄御堂筋線「東三国」徒歩12分
http://www.jikeiji.com/

イベント

坐禅会
[プログラム・日程]毎月第1日曜
16:00〜17:30（1月は休み）
初心者は15分早めに集合
リラックスヨガ　15:30〜15:45

写経会
[プログラム・日程]毎月8日
14:00〜15:00
道具はお寺で用意しています
[定員]なし
[参加費]志納
[その他]予約不要
いす席有り

日本仏教主要13宗一覧

	宗派	宗祖	教義	本山	本尊	根本経典	有名寺院
奈良仏教系	**法相宗**	道昭	唯識思想で世界を認識	興福寺 薬師寺	薬師如来	『成唯識論』 『解深密経』	法隆寺
	華厳宗	良弁	『華厳経』(大方広仏華厳教)世界の体現	東大寺	毘盧遮那如来	『華厳経』	新薬師寺
	律宗	鑑真	戒律を教えの根本におく	唐招提寺	毘盧遮那如来	『四分律』	西大寺
密教系	**天台宗**	最澄	法華教の教えに密教・戒律・禅を融合した総合仏教	延暦寺	釈迦如来	『法華経』	輪王寺 三千院
	真言宗	空海	修行により生身のまま、現世での成仏をめざす	金剛峯寺	大日如来	『大日経』 『金剛頂経』	智積院 長谷寺
浄土系	**融通念仏宗**	良忍	一人と全員の念仏が融合し往生が叶う	大念仏寺	十一尊天得如来	『華厳経』 『法華経』 『浄土三部経』	来迎寺
	浄土宗	法然	念仏を称えれば極楽浄土に往生できる	知恩院	阿弥陀如来	『浄土三部経』	増上寺
	浄土真宗	親鸞	阿弥陀如来の本願力で往生できる	西本願寺 東本願寺	阿弥陀如来	『浄土三部経』	高田専修寺 仏光寺
	時宗	一遍	念仏で阿弥陀如来と一体になり、往生が実現	清浄光寺	「南無阿弥陀仏」の名号	『浄土三部経』	無量光寺
禅系	**臨済宗**	栄西	禅問答である公案禅で悟りに至る	建長寺 妙心寺	釈迦如来	なし	南禅寺 相国寺
	曹洞宗	道元	坐禅に打ち込むことを重視(只管打坐)	永平寺 総持寺	釈迦如来	なし	大乗寺 妙厳寺
	黄檗宗	隠元	坐禅と念仏を合わせた念仏禅で悟りの境地へ	萬福寺	釈迦如来	なし	崇福寺
日蓮系	**日蓮宗**	日蓮	「南無妙法蓮華経」の題目を唱えれば現世が浄土に	久遠寺	釈迦如来	『法華経』	誕生寺 本門寺

◎第3章

「修行体験」で心を整える

修行で、ストレスフリーな体質になる

修行でお寺にこもっていた21歳の冬。

空が白み始める、朝5時前。板木《ばんぎ》がカンカンカン……と打ち鳴らされ、起床する。静かに法衣に着替え、廊下に整列し、お堂へと進む。エアコンもストーブもなく冷え切った堂内は凍えるように寒く、唯一、暖をとれるはずの食事も、食前の作法に数分を要するから目の前でどんどん冷めていく。携帯電話にもPCにもさわることなく、新聞やテレビから情報を得ることもなく、世間と隔絶された日々。外気温が氷点下何度を記録しようと、修行のメニューはなにひとつ変わらない。衣食住の環境は厳しいものがあったが、心の奥深い部分と静かに対話し続ける幸せな時間だった。だから、修行時代は嫌な想い出というよりも、懐かしさのほうが強い。

私が苦手なのは、むしろ、通勤ラッシュのピーク時の電車だ。朝8時台の山手線。ホームにあふれる人々は、自動で積載される貨物のように電車に押し込められる。入りきらなかった貨物は次の電車を待ち、やはり流れ作業で運ばれていく。私もときおり乗車することがあるが、知らない人の肌が体中に触れ、ストレスのたまった表情が目に入り、ため息のひとつひとつが聞こえてくる。思わず心の扉をすべてふさぎたくなる。厳寒のお寺にこもるよりもよっぽどつらい修行だ。

仏教では蓮の花を尊《たっと》ぶ。

泥の中から芽を出し、綺麗な花を咲かせる姿は、ストレスフルなこの世に処しながらも、心折れることなくしなやかに生きるモチーフだからだ。おそらくお釈迦様なら、通勤ラッシュの山手線も涼しげな表情をして乗っていたのだろう。それでも、電車から降りて徒歩で目的地に向かう間に、無意識のうちに坐禅の時のような深い呼吸をして心を整えていたりするから、仏教が自然と身についているのは本当に有難いことだと思う。私が仮に会社員だったとすれば、会社までのウォーキングで心を整え、リラックスして出社できたなら、その日の仕事効率は多少違ってくるだろう。

もちろん、坐禅などの修行はなにも成果アップのために実践するものではない。お釈迦様が王族の跡継ぎという立場を捨てて出家したことを思うなら、現世利益を願ってお寺の門をくぐるよこしまな人は、住職から一蹴される気もする。でも、ストレスをためこまずに生きられる体質になれば、蓮の花の例えのごとく、ドロドロした社会の中でも清らかに暮らせる——それぐらいの下心を抱いてお寺をたずねてもいいではないか。

修行といえば坐禅や滝行というイメージが先行しているが、それはほんの一握りにすぎない。僧堂では、本堂でお経をあげるのも、食事をいただくのも、掃除するのも、修行である。掃除の手間を惜しんで自動掃除機を走らせたくなる気持ちもわかるが、部屋の散らかり具合は、実は心の状態を知るためのチェックポイント。かくいう私の机のうえもよく散乱しているが、それを見るたびに気の弛みを知り自分の心を省みる。

ただし、僧堂の作法をストイックに実践すると日常生活に支障をきたす。食事前に般若心経をあげたりしているうちに、できたての熱々スープが冷めてしまったら笑えない。ほどほどに楽しく学ぼう。たとえば、緑泉寺《りょくせんじ》の青江覚峰《あおえかくほう》さんが企画されている「暗闇ごはん」では、アイマスクをすることで、心に向き合いながら命をいただくという仕掛けがユニーク。正法寺《しょうほうじ》では夕陽の向こうにあの世を想う時間を持っている。高層ビルのオフィスで仕事をしていると夕陽なんて忘れ去っているだろうが、日本の豊かな自然を味わう中で感性を育むことも、由緒ある心のトレーニングなのだ。

お寺での修行をマスターするのは簡単ではない。でも、ちょっと体験してみただけでも、人生のギアをチェンジするきっかけにはなる。日常に修行の気分を取り入れてみれば、心は整うし、顔の表情もやわらいでいき、周囲にも良いムードをもたらす。毎日を価値ある瞬間に変えていくために、修行体験は頼もしいパートナーになってくれるはずだ。

朝活禅

お坊さんがホテルで教える、朝の坐禅

早朝ホテルで出勤前の坐禅が サラリーマン、OLに大人気！

東京・芝公園、朝7時前。まだ人どおりもない静かなオフィス街を抜けて、向かった先はシティホテル。エレベーターを降りた途端、何とも言えぬお線香の良い香りに包まれた。

ここは曹洞宗の僧侶が主催する「朝活禅《あさかつぜん》」の会場。〝坐禅はお寺でしかできないなんて、誰が決めたの？〟というキャッチコピーの通り、出勤前のOLやサラリーマン達が早朝坐禅を楽しみに、次々とホテルの和室・大広間に集まってくる。

「坐禅＝年配の男性、というイメージが強いですが、禅に興味を持つ女性も多いはず。初心者の女性も来やすい会にしたいと考えたのが、この〝朝活禅〟なんです。最近〝朝活〟という言葉が流行っていますが、朝の坐禅ならウチなんて鎌倉時代からやっていますしね」

と話すのは責任者の宇野全智《うのぜんち》さん。僧侶の関水博道《せきみずはくどう》さんとともに、朝7時から参加者を迎え、月に2回、1時間半の〝朝活禅プロジェクト〟を主宰する。

お寺と檀家の関係だけでなく、もっと広く社会の役に立つためには何をしたらいいのか。都市部の無宗教者が増える一方で、心の問題や苦しみを抱える人、生きる意味について考えたい人達とどう関われればいいのか……その答えが、ホテルの朝活禅につながった。

「来られる方は30～40代の働く女性が多いです。坐禅を体験してみたいと思っていても、菩提寺がないのでお寺に行きにくい、そもそもお寺に行ったら入信させられてしまうんじゃないかと思っていた方達が、ここなら安心ですと言ってくださいます」

フリーペーパーの掲載やホームページ、近くの駅のポスターなど、それほど広く告知をしないにもかかわらず、年に2回の新規参加者募集では、あっと言う間に定員数を超える。朝4時、5時に起きることも厭《いと》わず、ホテルでの早朝坐禅に惹かれる人たちの横顔は――。

「ちょっと疲れた人向けになるかな？　と考えていたら、スティーブ・ジョブズが禅に傾倒したのに影響されてか、IT関係者、経営者などのビジネスマンも意外と多いんですよ。彼らにとってジッとしているなんて無駄なことなんじゃないかと思っていましたが、ずっと走り続けているぶん、携帯ひとつ鳴らない空間で、立ち止まって自分と向き合う時間がとても新鮮なんだそうです」

毎日が忙しいビジネスシーンで、坐禅はどんな意味を与えてくれるのだろうか。

「禅は引き算なんです。坐禅は、年齢も仕事も関係なく、ただここに来て坐るだけ、あるがままの自分を認めるだけなんです。いつも自分を飾りすぎて、〝自分〟を見失いそうになったとき、それをやめろというのではなく、何も持っていない自分もいるんだよと気づかせてくれる時間――。

年をとること、病気をすること、死別すること、好きな人と別れること。人生には思い通りにならないことがたくさんあります。守ろうと思っても守りきれないことばかりです。

だからこそ、何も持たずにただ坐るだけの坐禅の時間を通して、「これがないと生きていけない自分」から解放され、何もなくても生きていける自分を、束の間だけでも体験してほしい。それを知るだけで、自分に自信が持てるようになるはずです」

坐禅を終え、法話を聞き、品川、丸の内、霞が関へと出勤していく参加者達。

「最近では遠方からの問い合わせや、朝7時には間に合わないけれど体験できないかとの問い合わせも増えていますので、退社後にご参加頂けるプログラムも企画したいと思っています」

東京グランドホテル5F
東京都港区芝5-2-5
都営三田線「芝公園」徒歩2分
[プログラム]
曹洞宗に750年以上も前から伝わる朝の坐禅を体験。
1 坐禅 7:00〜7:40 ホテルの和室で、坐禅の基礎から教えます
2 修行体験 7:40〜8:00 法要、朝粥、写経など禅寺での修行を体験
3 茶話会 8:00〜8:30(最終) 気軽にお茶を飲みながらの参加自由時間。(定員 30名) 参加費:9000円(全6回)
*朝活禅は年間2クールの開催を、今後も予定。詳しくは公式HP、http://www.sotozen-net.or.jp/asakatsuzen参照

曹洞宗総合研究センター
「朝活禅」プロジェクト
曹洞宗
☎ 03-3454-7170
(月〜金 9:00〜17:00)

緑泉寺

五感を研ぎ澄まして食べる「暗闇ごはん」

食事という行為に一生懸命向き合うことで、その人の生き方も変わってくるはずです

「どんな栄養素が体に良いのか、食に関心が高い人は知っています。でも、それが自分にとって本当に必要かどうか考えて摂っている人は、非常に少ないのではないでしょうか。スーパーで野菜を手に取り、目で見て『美味しそう』と感じ、匂いをかいで『良いなあ』と思ったものが、そのとき体が欲しているもの。本来、そんなふうに人間は五感で価値を推し量っていたはずです」

と五感の大切さを説くのは、緑泉寺《りょくせんじ》住職の青江覚峰《あおえかくほう》さん。お寺生まれの青江さんは、「暗闇ごはん」など食育分野をメインに活動し、『お寺ごはん』や『料理僧が教える ほとけごはん』という著書もある料理僧だ。超宗派の僧侶が運営するネット寺院「彼岸寺」の創設メンバーの一人でもあり、精力的な活動を続けているが、10代の頃は、自らの進路に疑問を持ちながら過ごしていたという。

「寺を継ぐことへの有形・無形の重圧から逃れたくて、大学2年の時にアメリカへ留学したんです。専門は起業で、ゼミの実践学習ではアメリカ人やシンガポール人とチームを組み、実際に銀行から

融資を受けてアロマテラピー関連の会社を作ったりもしました。卒業後はフリーの経営コンサルタントになりたくて、MBAも取得したんですよ」

順風満帆な留学生活だったが、アメリカで就職を考えた青江さんにターニングポイントが訪れる。1つ目は、9・11。国中が不安で覆われる中、自分のバックボーンには、やっぱり仏教があると気づいたのだ。2つ目は、「命を食べる」という感覚との出合い。

「買い物で訪れたチャイニーズマーケットの精肉売り場で、牛タンが一本丸ごと売られていたんです。長さは30センチ以上で非常に大きく、手に取るとズシリと重い。ザラザラした表面には数え切れないほどの、味を感じる味蕾《みらい》がありました。加工した状態でしか牛タンを見たことがなかった私は、正直、生々しくて気持ちが悪くて。なぜそう感じたかと考えた時、『命を食べる』というのはこういうことなのかと、ハッと気づいたんです」

帰国後に僧侶となり、改めて仏教を学び直した時に出合った言葉が「いただきます」。人間が生きるために犠牲にした命をいただき、感謝すること。それが、牛タンに感じた「命を食べる」という感覚とリンクして、食育の活動へとつながるインスピレーションを得た。

そんな青江さんが始めたのが、灯りをおとした空間で見知らぬ人と同席し、アイマスクで完全に視覚を奪われた中で食事をする「暗闇ごはん」。海外で始まったブラインドレストランの日本版だ。

参加者は6割が女性で、30〜40代が中心。メニューは10品ほどあり、仕入れから調理まで、すべて青江さんが一人で担当。料理は、お坊さんやその家族が日常的にとっている和食で、豆腐やこんにゃくを使った刺身、豆腐のマヨネーズで味付けしたポテトサラダなど。肉、魚、五葷《くん》（長ネギなど5種類の香味野菜）といわれる野菜は使わない。

「『暗闇ごはん』は、食べる瞑想だと思っています。見えないことへの恐怖も感じながら、一品ずつ運ばれてくる料理の匂いをかいだり、少しなめてみたり。いつもは当たり前に享受している食事という行為に、改めて意識を向けて一生懸命に向き合う。食材の命に感謝することで、ひいてはその人自身の生き方も変わっていくはず。そんな想いで、これからも続けていくつもりです」

青江さんの「暗闇ごはん」のノウハウは、地方のお寺やカフェにも伝授され、青森県、千葉県、愛知県、福岡県など全国に広がり、多くの人に新たな〝気づき〟を与えている。

©みずたにひろこ

湯島山　緑泉寺
浄土真宗東本願寺派
東京都台東区西浅草1-8-5
☎03-3841-0076
http://www.ryokusenji.net
東京メトロ銀座線田原町駅から徒歩2分
[駐車場]なし

イベント

暗闇ごはん
[プログラム・日程]月1回
[参加費]3500円　要予約
※日程はフェイスブック（https://www.facebook.com/KAKUHOAOE）へ

両足院

多彩な坐禅体験で〝一期一会〟の教えを伝える

呼吸をととのえて、心の乱れをととのえる。最高のくつろぎの時間が、坐禅なのです

「坐禅は、『無』の境地に到達することが目的だと考えている人が多いですよね。あるいは頭の中に青空が見えて、スカッと晴れたような状態を目指すのではと思う方もいるでしょう。でも、『無』にしなければいけないと考えると、つい頑張って『きちんと坐らなきゃ』『背筋を伸ばさなきゃ』と無理してしまう。そうではなく、景色すら思い浮かべることも、『無』になろうと考えることもなく、ただただ坐るだけ。頭に雑念が浮かんだら、すっと手放せるよう訓練していく。坐禅は、『心を手放す』ことだと私は思っています」

と、両足院《りょうそくいん》の副住職、伊藤東凌《とうりょう》さん。

京都最古の禅寺・建仁寺《けんにんじ》内にある臨済宗建仁寺派の両足院には、現在、様々な坐禅体験プログラムが用意されている。個人向け、団体向け、時間も短いものから半日コースまで。大人や子ども、修学旅行の学生に外国人も受け入れ、坐禅をヨガや養生法と組み合わせたりと実に多彩だ。なぜそ

こまで伊藤さんは〝坐禅〟にこだわるのだろうか。

「今は、みなさん〝何もしていない時間〟をなかなか持てないですよね。いつも何かを探し、新しい刺激を求め、〝今〟という瞬間を大事にしていない。

呼吸をととのえ、じっと坐る……坐禅をすると、自分の脈動や拍動を感じるはずです。今、自分が生命の中にいるんだと実感し、充実した気持ちが味わえる。まるで最高に幸せな家の中にいるような、くつろぎのひとときを体験できるんですよ」

「あと10分だな」と残り時間を意識したり、逆に「良い調子だな」と満足もしない。坐るうちに姿勢が曲がってきたら、慌てず「骨の感覚で感じ、骨を戻すつもり」で体をととのえる。何も求めず、ただ坐る。それだけで得られる、贅沢な時間。

「先のことにとらわれず、過去のことにクヨクヨせず、ただ目の前のことに集中するのが坐禅であり、私の考える禅的ライフスタイルです。

それでもイライラしたり不安になったときは、呼吸をととのえればいい。身体がリラックスして自然に落ち着くはずです。たとえば怒っている時は、呼吸が乱れていることが多いはずです。自分の心をととのえるためにも、呼吸をととのえる習慣を身につけるのは、大切なことだと思います」

そう語る伊藤さんは、両足院で生まれ育ち、大学時代からは建仁寺の道場で修行を積んだキャリアの持ち主。教育者への憧れから、いつかは家に戻るとは思いながらも、大学卒業後はオーストラリアに留学。現地で子供に英会話を教えるグループワークを学んでいた。

「オーストラリアの教育は、日本の小学校教育とは違って、まず子ども達を楽しませてから集中させるんです。遊びながら、歌いながらグループワークすることで、子ども達は取り上げたテーマに興味を持ち、的確に会話を覚えていく。その姿を目の当《ま》たり《あ》にして、こんなふうにお寺でも楽しく修行ができれば、もっと広くいろいろな人に仏教を伝えられるのになあと思ったんです」

帰国した伊藤さんがまず始めたのが、わかりやすく短時間で完結する坐禅だった。

「朝6時から坐禅を組んで長い法話を聞くと、確かに修行した気にはなります。けれど、結局それでは辛いから参加できないという人もたくさんいるはずです。早朝に限定せず、誰でも参加しやすい時間帯に設定し、1時間で完結する坐禅を始めようと思い立ちました」

15分の説明、25分坐禅、最後の15分がお話というコンパクトなスタイル。料金も明確にし、初心者にも入りやすい環境を作った。やり方はどうであれ、まずは坐禅を知ってもらいたい、坐禅を体験してほしいという思いが先行したからだ。

「坐禅終了後は一年を通して、人間も自然の一部だということをお話しします。

いつも同じように見えても、お寺の苔の色も木々の葉先も、自然は毎日変わっています。天気も変われば、お寺を歩いたときに感じる床の冷たさも日によって違うはずです。毎日会う人も、私達自身も、世の中に不変なものなんてない。それが禅の〝無常〟ということなんです。自然も人間関係もコントロールできると思うことが間違いで、むしろ変化していくから美しい。

老いて、朽ちて、変わっていく、そんな無常であることを悲しいと感じる〝無常感〟ではなく、現実として観る〝無常観〟を持つこと。変わることを受け入れ、だからこそ〝今〟に感謝する……〝一期一会〟の教えを知るだけで、イライラや怒りから解放され、私達はずっと楽になれるんです」

両足院は特別拝観時以外、一般公開していないが、坐禅に参加すると普段は見られない庭園や茶室を拝観できるのも楽しい。広大な庭は、京都府指定名勝の庭園だ。名刹での坐禅体験は人気で、参加者もどんどん増えている。

「ただ坐る、ということに関しては、小学生はうまいですね。すとんと坐禅に入っていく子が多いです。禅に興味を持って来る外国人体験者には、ただ〝坐るだけ〟ということに何の意味があるのか考えたこともない方もいますが、体験すると『素晴らしい！』と一様に喜んでくださる。今は日本語で説明し、法話もしていますが、今後は坐禅の英語バージョン、英語での法話も計画中です」

臨済宗大本山建仁寺塔頭　両足院
臨済宗
京都市東山区大和大路通四条下る
4丁目小松町591　建仁寺山内
☎075-561-3216
http://www.ryosokuin.com/

イベント

坐禅体験
（個人参加）所要時間60分
志納料1000円

坐禅と精進料理体験
（個人）最少実施人数5名
所要時間120分
志納料4800円

禅寺体験
定員　約30名
所要時間120分
志納料2000円

坐禅と養生法
定員　約40名
所要時間120分
志納料2500円

坐禅とヨガ体験
定員　約40名
所要時間130分
志納料3000円

半日坐禅会
志納料4000円
ほか
※開催予定日、お申込みはHPをご覧ください。

東林院

和尚さんが教える精進料理

食材に感謝しながら、季節のもので、思いやりの心をもって作るのが精進料理です

全国に約3400の末寺を持つ日本最大の禅寺、臨済宗妙心寺《みょうしんじ》派大本山妙心寺。その広大な寺域にある塔頭の一つ東林院に、エプロンを携えた女性たちが次々と集まってきた。お目当ては、西川《にしかわ》玄房《げんぼう》和尚による精進料理体験教室。

東林院は通常非公開のお寺だが、「沙羅の花を愛でる会」「梵燈《ぼんとう》のあかりに親しむ会」といった一般向けの行事とともに、精進料理体験教室開催日にも門戸を開いている。精進料理を頂ける禅寺はよくあるが、料理を学べるところは珍しく、多くの参加者を集める人気の教室だ。

お寺の奥の厨房「添菜寮」。ここで毎回16名ほどが精進料理作りを体験する。10時になると、まず「和合茶礼」といって、皆でお茶を飲み、西川和尚の話が始まった。

「精進料理は、食《じき》も坐禅と同じ大切な禅宗の修行ということで、中国から取り入れられたとされています。精進とは生き物を殺さないという戒めの心。これを私は生き物を活かすことだと考えてい

ます。野菜も米も命があり、その命によって人間は生かされている。精進料理教室といっても、特別な料理を作るわけではありません。いつでも、どこでも、誰でも簡単にできるもの。食材に感謝をしながら、季節に出回るものを無駄なく活用し、懇切丁寧に思いやりの心をもって作る。それが本当の精進料理だと思います」

約30分の話のあと、グループに分かれ調理にかかる。この日の献立は、栗きんとん、ごぼうのポタージュ、ごぼうと玉ねぎの掻き揚げの3品で、西川和尚が寺の畑で育てた野菜も使用。和尚は『禅寺のおばんざい』などの料理本も出すほどの料理の達人で、月替わりのメニューは教室開講以来、一度も同じ献立はないというレパートリーの幅広さだ。参加者は、10年以上も東京から通っている常連や、初参加の地元の若い女性、ときには男性や外国人も。和尚のアドバイスを受けながら和気あいあいと作業が進んでいった。

12時からは試食会。出来上がった料理を奥書院まで運び、禅の食事作法の教え「食事五観文」を唱和して皆でいただく。

「現代は食べ物に不平不満を抱いたり、食べ過ぎたりする人が多いですが、飢えや渇きを癒し、体が枯れるのを防ぐ薬だと思って、敬愛の心で食事をしてほしいと思います」

丹精された庭を眺めながら、丁寧に作られた料理をゆっくりと味わう贅沢さ――。片づけのあと「分散茶礼」で質疑応答などを行い、13時に教室は終了する。

60歳で本山の寺務所を定年退職後、西川和尚が自坊の東林院で始めたこの料理教室。以前から宿坊や催しを行っていたこともあり、料理を通じて多くの人にお寺へ来てもらい、仏の教えである命の尊さを感じてもらえればと思ったのが、教室スタートのきっかけになった。

「自分のボケ防止にもなるし、趣味と実益を兼ねようと始めてみました。2～3年で人が来なくなるだろうと小規模で始めたのですが、おかげさまで15年になります。私は言いたいことを言っていますが、生徒さんがそれを自分の生活に活かしてくれれば有難いです」

教室が続くほどに、生徒だった人が助手を務めるようになったり、常連の参加者が出張料理教室の手伝いに行ったりと、この教室ならではのつながりや新しい縁も生まれている。

「私が好きで始めたことが皆さんの楽しみになっているなら、何よりの喜びです」

東林院
臨済宗妙心寺派
京都市右京区花園妙心寺町59
☎075-463-1334
通常非公開
※宿坊は随時予約受付
JR山陰本線花園駅から徒歩8分(妙心寺南門)、京福電鉄北野線妙心寺駅から徒歩12分(妙心寺北門)
[拝観料]行事による
[駐車場]なし
(花園会館横　第1駐車場は50台)
[お寺の見所]枯山水庭園、本堂前庭(沙羅双樹の庭)、昼食特別精進料理(3名以上で要予約)

イベント

小豆粥で初春を祝う会
[プログラム・日程]1月15日～31日

沙羅の花を愛でる会
[プログラム・日程]6月15日～30日

梵燈のあかりに親しむ会
[プログラム・日程]10月上旬

禅寺で精進料理を体験する会
[プログラム・日程]毎週 火・金曜日
内容は1ヵ月同じ　10:00～13:00
各回16名
[参加費]1人 1回3150円(税込・材料、テキスト、和尚手作りの精進料理付き)
[申し込み方法]電話で確認のうえ、郵便番号、住所、氏名、年齢、性別、電話、期日、参加人数を記入した往復はがきで申し込みのこと

福昌寺

注目の僧シェフがつくる、旬の食膳

お寺という非日常空間で、食べることへの感謝の気持ちを確認したい

福昌寺《ふくしょうじ》副住職の飯沼康祐《いいぬまこうゆう》さんが、精進料理で仏教の教えを広めようと思い立ったのは、大学生の時だった。幼いころから料理が好きだったこともあり、食を通じた布教活動に興味を持ち、大学卒業後、都内の飲食店で料理修業をしながら調理師免許を取得した。

現在は、福昌寺での「精進料理会」や「時をみる会」、「坐りびと・旬粥」などの催しを中心に活動。この他、「気軽にお洒落に仏教にふれる」をテーマに開催された「精進Ｃａｆｅ」（中目黒「ＬＯＵＮＧＥ」）にも僧シェフとして参加したり、静岡県島田市の大善寺で半世紀ぶりに復興された「閻魔《えんま》様の縁日」や静岡県静岡市の新光明寺の「瘡守《かさもり》稲荷大祭」でも出店し料理説法を行ったり。緑泉寺の青江覚峰《あおえかくほう》さん、普門寺の吉村昇洋《よしむらしょうよう》さんと作る注目のユニット「料理僧三人衆」の一人として「ダライ・ラマ法王と若手宗教者１００人の対話」などでも料理を振る舞うなど、精力的に全国を飛び回っている。飯沼さんの原点ともいえる「精進料理会」は、参加者が食にまつわる法話

を聴いて、精進料理をいただくという会。その際、「斎食儀《さいじきぎ》」という天台宗の食事作法にのっとって、食前と食後に全員でお経を読むのだという。

「仏教には、『法食《ほうじき》一等』という教えがありますので、食べることをおろそかにしては仏教修行や日常生活がおろそかになってしまうと説いています。食べるというのは、ほかの生き物の命をいただくということ。精進料理を通して感謝の気持ちを学び、有難くいただく機会を作りたいと、4年ほど前から始めました」

味付けは繊細で、素材本来の持ち味を引き出している。要ともいえるだしは、昆布やきのこ類、乾物の戻し汁などでとり、もちろん鰹節は使わない。

「精進料理って何？　とよく聞かれます。動物性の食材を一切使わない、五葷《くん》と呼ばれるニンニク、にら、ネギなど香りの強い野菜を使用しないなど決まりはありますが、一番大事なことは〝食事に対する姿勢〟だと私は思っています。たとえば、ある日の夕食が白米、野菜の味噌汁、野菜炒め、野菜の煮物だったとします。一見、精進料理に思えますが、本当に精進料理なのか――？　同じ献立でもテレビや携帯を見ながら何気なく食べる時と、しっかりと手を合わせていただく時では全く違う食事になります。毎食は無理でも、時間にゆとりがある時には、食膳と向き合い、丁寧に食事をしてほしい。つまり、料理を作る側と食べる側が〝精進する気持ち〟を持たないと精進料理に成り得ないのです」

「精進料理会」の参加者は、檀家さんと一般参加者が半々で、中には飯沼さんの精進料理の評判を聞き、遠方から駆けつけた人もいた。

一方、「時をみる会」は、飯沼さんといけばな松風副家元の塚越応駿さんがコラボしたイベント。坐禅体験、いけばな体験、精進料理という流れで、坐禅で自分自身と、いけばなで生花と、精進料理で食事と向き合う催しだが、告知するとすぐに定員になる人気プログラムだ。ほかにも子ども会や学童保育、中学生の職業体験など、積極的に受け入れている飯沼さん。

「今までも子どもに向けた坐禅会、流しそうめん、肝試《きもだめ》し、花火などを企画しましたが、中でも肝試しは、子どもが8人で一組になって夜の墓地を巡るので、かなり盛り上がりました。肝試しのゴールを参加したお子さんのご先祖が眠るお墓にするなど、『ご先祖様』の存在を子どもが身近に感じられるような機会を、この福昌寺で作っていきたいです」

© minokamo

金剛山　福昌寺
天台宗
神奈川県川崎市多摩区
菅北浦5丁目3-1
☎044-944-3426
fukusho_ji@ybb.ne.jp
JR南武線稲田堤駅から徒歩10分
[駐車場]50台

イベント

坐りびと・旬粥
月1回　2000円　要予約
「まちのお寺の学校ナビ」
http://www.machitera.net/kanagawa-fukushoji/で随時告知。

時をみる会
年に3回開催　4000円　要予約
http://www.facebook.com/tokiwomiruで随時告知。
※その他、精進料理会や坐禅会開催を希望される方はご連絡ください。

東光寺

お坊さんがあみだした「楽健法」講座

施術者と受け手、双方が気持ちよくなれる「二人ヨーガ」で、病知らずの身体に

奈良県桜井市。小高い丘の上に建つ東光寺《とうこうじ》の境内で、「楽健法」と呼ばれる健康法の講習会が開かれている。受講者は、茨城や静岡、愛知や三重などからはるばるやってきた約二十数名。指導するのは、この健康法を始めた東光寺の住職、山内宥厳《やまのうちゆうげん》さんだ。

「楽健法とは、二人一組になって手足の付け根を足でほぐし合い、血液やリンパの循環を良くする健康法です。一人が施術者、もう一人が受け手になります。あとで交替するので、どちらが先に受け手になってもかまいません」

施術者が、受け手の足の裏から足の付け根へと順に踏んでいくと、「うわっ、気持ちいい！」とあちこちから思わず声があがる。気持ちの良さに眠ってしまう人がいたり、時折はさむ、山内さんのユーモアまじりの解説に笑い声が響き、会場には和やかな雰囲気が広がっている。

「楽健法は足を使うので、マッサージや指圧に比べて施術者の疲労が少なく、女性や子どもでも楽

にできて、しかも足裏にある多くのツボの刺激となります。施術する側もされる側も、双方がエネルギーを交換して共に気持ちよくなれる。まさに『二人ヨーガ』なんです」

そもそも、山内さんが楽健法を始めたのは約40年も前のこと。自身が20代の頃にぜんそくに悩まされ、同じ病に苦しんで亡くなった父を見てきた体験から、自然療法に関心を抱いた。玄米菜食や酵素風呂など、勧められたものは積極的に試す中で、足で踏み合う健康法に出合い、「それがあまりによいものだと直感したので」自分なりにアレンジを加えて「楽健法」と名付け、普及を始めた。

現在、一般公開の講習会は月に1回。ほかに、年間計12回、1泊2日の合宿に通って楽健法の指導者を目指す「楽健法セラピスト養成講座」や、関東など遠方での公開講習会などを積極的に行っている。山内さんは、お釈迦様が楽健法を伝授する様子を描いた「楽健法経」というお経も創作、これをお寺の経本にもしている。この楽健法経を解説する『楽健法経つき　定本版　二人ヨーガ楽健法』という本も、2014年1月に出版し、仏教の慈悲の実践行動であるこの教えを広めている。

そしてもう一つ、この楽健法とセットで実践し続けているのが、天然酵母パンの普及だ。

「ぜんそくを治そうと自然食を試しているときに酵母に関心を持ち、我が家では40年、酵母から手づくりでパンを焼いています。パンを作ることで酵母という微生物が果たす役割、いのちの循環、現代の経済システムがもたらす食の問題など、様々なことが見えてきました」

講座開始の前に本堂で般若心経を唱えたり、昼食前には、高野山での修行で食事前に唱える「五《ご》観《かん》の偈《げ》」を皆で唱えたりするなど、随所に仏教的な要素も取り入れられている。

「仏教医学という言葉があるくらい、仏教と病は本来密接な関係にあります。仏教医学では、病は心や体、環境などあらゆるバランスが崩れることで生じると考えますから、現代社会のストレスにどう対応して生きるべきかを伝えるのも大切なこと。信仰はその拠《よ》り所《どころ》となりますから、皆さんに勧めたいと思える宗教的な考え方は、宗派に関係なく講習会のなかでもご紹介しています」

講習会を受けた部屋には、山内さんが好きだという「共生浄土《ぐしょうじょうど》」という言葉が額に入れて飾られていた。

「共に生きる浄土。ひとりでも多くの人を浄土にひっぱってあげたい。その実践を、楽健法と天然酵母パンを通じて積み重ねていきたいです」

磐余山《いわれさん》　東光寺
真言宗
奈良県桜井市谷381-1
☎0744-44-2388

イベント

楽健法教室
[プログラム・日程]毎月第4日曜日
(月により第5日曜に変わる場合あり)
その他、東京、名古屋、広島、奈良市内など各地で講習会実施。詳細は寺院ホームページ
http://www2.begin.or.jp/ytokoji/

正法寺

夕陽を拝み、今日一日に感謝する「夕陽を観る会」

400年ぶりに寺の行事として復活。夕陽の名所で、毎回ゲストを招いて開催します

観光名所が集まる京都・東山に、「夕陽を観る会」という風雅な催しを行っているお寺がある。二年坂の東、霊山《りょうぜん》の中腹に立つ「正法寺《しょうほうじ》」。住宅地図にも載っておらず、地元でも知る人ぞ知るお寺だが、延暦年間に創建された古刹だ。

元は最澄《さいちょう》が開いた天台宗の別院・霊山寺で、永徳3（1383）年、住職の国阿《こくあ》上人《しょうにん》が寺名を正法寺と改め、時宗霊山派の本山に。現住職の河井義勝さんは国阿上人から数えて46代目の住職になる。今は本堂と客殿などの建物しか残っていないが、かつてはこの一帯に14の塔頭（山内の末寺）を抱えた大寺院で、江戸時代までは約8万坪の寺域があったという。

本堂などの一般公開はしていないものの、山門が開いている間は境内の拝観は可能だ。ここからの見晴らしは素晴らしく、眼下に京都市街のパノラマが広がる。

「すごくいい眺めでしょう。晴れた日は大阪のツインタワーも見えますよ」

と、住職夫人で三十弦箏などの多弦箏奏者の朝倉彩さん。昔は崖にせり出した物見の縁側があり、八坂の塔も見下ろせた。寺は西向きに立ち、夕陽観賞には最高の場所だ。

霊山寺の時代、正法寺が行っていた「日想観」。これは浄土教の経典『観無量寿経』にある修行法の一つで、西の空に沈む太陽を見て、極楽浄土を想いながら念仏を唱えるというもの。しばらく途絶えていたが、2010年、400年ぶりに寺の行事として復活した。

「時宗は声明念仏を特徴としていて、日想観でも声明を唱えます。当日は非公開の本堂を会場にして、三十弦の音楽演奏と、時宗の有志僧侶による声明の二部構成。京都で日想観をやるところはあまりないので、一般の方だけでなく他宗派の僧侶も来られます」

と、住職の河井さん。かがり火が焚かれ、荘厳な雰囲気で年1回催されるこの音楽法要は、寺のメイン行事の一つだ。この日想観をもっとポピュラーにと始めたのが、月に一度の「夕陽を観る会」。初めはごく内輪の会だったが、口コミで広がり、映画監督や作家などの著名人から小学生まで、多い時は50名ほどが訪れる。中には東京から来る人もいるという。

「日没の30分前に集まり、客殿で夕陽を観賞したあと、いろいろな分野の専門家を講師に招いてお話を聞きます。時々、山から下りてきた子猿も、縁側で夕陽を観ていますよ」

と、彩さん。日が沈むと、夕陽で輝いていた世界が夜の漆黒の闇に変わり、星がきれいに見える。その壮大な宇宙の世界を共に楽しみ、今日一日の反省と感謝をしながら明日を迎える——それが、「夕陽を観る会」の醍醐味だ。

日想観の復活が長年の念願だったという河井さん。現在、正法寺ではこれらの催しに加え、宗教学者・山折哲雄氏主宰の「夕焼け京都塾」という催しも行われている。

「この寺にたくさんの人が来て、喜んで帰ってもらいたいし、夕陽を観ることでその人の信仰心が刺激されて、仏教を身近に感じてもらえれば嬉しいです」

境内では、『更級日記』にも登場する井戸「鏡水」や、京都三板碑の一つの国阿上人塔などが見られる。このほか非公開だが、国阿上人が使った蓮華形下駄や、国阿上人が伊勢の神のお告げを受けたことにちなみ、伊勢参りの道中安全祈願に配られていた「柏のお札」の木版原版なども残されている正法寺。雄大な歴史を感じる境内で夕陽を拝めるのは、なんとも魅力的だ。

霊鷲山　正法寺(しょうほうじ)
時宗
京都市東山区清閑寺霊山町35
☎075-561-8194
[参拝時間とお休み]不定期
[URL]なし
市バス東山安井バス停から徒歩15分
[拝観料]境内自由、特別拝観時のみ有料
[駐車場]なし
[お寺の見所]夕陽、鏡水、柏のお札(厄除・交通安全)など

イベント

日想観(音楽法要と声明による夕陽の祈り)
[プログラム・日程]毎年秋に開催(日時未定)

夕陽を観る会
[プログラム・日程]毎月1回開催(詳細はフェイスブックにて確認を)
[参加費]500円〜　その他、食べ物などは各自持ち寄り。
[申し込み詳細]フェイスブックhttps://www.facebook.com/sunset.viewingにて案内。当日の参加も可。
※その他、2014年は国阿上人生誕700年の記念事業が行われる予定。

ロックフェスの芝生で坐禅！

釈尊堂

イベントで坐禅のワークショップを開くことで、仏教や禅に興味のある人との縁を結んでいきたい

Mr.Childrenの櫻井和寿さんと音楽プロデューサー小林武史さんが2005年に立ち上げ、12年には、のべ17万人の来場者数を記録したロックフェス「ap bank fes」。このフェスの淡路島会場で坐禅のワークショップを開いていたのが、曹洞宗の僧侶のグループ「釈尊堂」だ。メンバー10人は20～30代で、研修施設で学んだ仲間達。所属するお寺は、北海道から島根まで全国に広がる。

「『釈尊堂』は、菩提寺と檀家という関係を超えて、仏教や禅に関心のある人とも縁を結びたい、自分のお寺の地域より、もっと外に向けて発信したい、という思いで結成しました」

と、メンバーで本覚寺の僧侶・守長修浩《もりながしゅうこう》さん。守長さんはお寺の三男に生まれ、中学から大学まで曹洞宗の学校で学んだが、跡継ぎではないため一般企業に就職した。しかし仏教への思いを忘れられず、3年後に僧侶へと転身、会社員時代や研修施設で知ったマーケティング理論も役立ち、仏教という素材を現代社会に活かしたいと「釈尊堂」の活動を始めた。

「仏教を、もっと若い人たちに向けて情報発信したくて、『ap bank fes'12』への参加を思いついたんです。自分達で申し込み、審査を経て参加しましたが、ここへの出展で注目度が俄然上がり、ほかのイベントにもどんどん呼ばれるようになりました」

「釈尊堂」の活動で得た新たなノウハウを全国の曹洞宗のお寺に伝えることで、それぞれのお寺を盛り上げていく――それが釈尊堂の夢。

「イベントで『坐禅ワークショップ』という看板を掲げていると、場所柄とのギャップに興味を持って立ち寄ってくれる人が多いんですよ。芝生で坐禅というのも新鮮で、とても気持ち良いと言われます。最初の10分で説明、次の10分で坐禅、最後の5分は感じたことの分かち合いをして計30分。時間がある時には、これに法話をつけます。現代人は忙しいので、10分間坐ることで自分と向き合う時間を作れたらいいなあと思って。

忙しい毎日、多くの人が仕事に追われ、空いた時間もスマホをいじり、何となくテレビをつけ、ゆっくり物思いにふける時間や、自分の体や呼吸を感じる時が、圧倒的に少なくなっています。だからこそ坐禅を通して、〝何もしない〟ことを体感してほしい。自分を丁寧に感じる大切さを知ってほしいのです。何かを捨てたからこそわかることは、世の中にたくさんあります。

坐禅の醍醐味は実際にやってみないとわからないので、これからも大小様々なイベントに参加して、多くの人、特に若い方に体験していただきたいと思っています」

参加者は、スペース次第で一回3〜4人から30〜40人まで。大半が坐禅初心者だ。

「初心者が多いぶん、法話も、仏教の教えを身近に感じてもらえる話になるよう心がけています。音楽イベントなら、出演するバンドの歌詞を使って仏教の教えを説くとか。たとえばMr.Childrenの『くるみ』。〝大切な人と別れた〟というニュアンスのこの曲は、失恋だけでなく、この世にある様々な別れがテーマだと感じました。主人公が、それでも未来への希望を持ち続けるという歌詞には、全ての物事は常に変化してとどまることはないという、仏教の〝諸行無常〟の教えが重なります。辛い現実も永遠に続くものではない、というように」

今後、「釈尊堂」はフリーペーパーを発行する予定で、守長さんは準備を進めている。

「〝生き方〟について特化したものにして、お寺や、若者が集まる場所に置いてもらうつもりです。混沌とした時代を生き抜くためのヒントとして、みなさんに仏様の教えをお届けしたいです」

釈尊堂
https://www.facebook.com/sakyamunido

第4章

お寺で「日本」と「自分」を好きになる

お寺は人生の、方位磁石だ！

日本では、お坊さんと世間の人々と、どう違うんだろう。お坊さんはどれぐらい世間からズレて、どれぐらい超人的な生活をしているんだろうか。小さい頃、「家庭円満であることが教化活動なんだ」と師匠（つまり父親）に言われ、「なんだそれ⁉」と拍子抜けし、同時に「そんなの仏教じゃない！」とイラッとした記憶がある。大人になってからは、「お坊さんは早く結婚をして、幸せな家庭を築くべきだ」というプレッシャーを方々から受けた。お寺周辺の人にとっての理想のお坊さん像は、求道のためにあらゆるしがらみを捨てたお釈迦さまではなく、「立派な常識人」という感じだ。

だから、私の肌感覚を率直に語るなら、お坊さんも世間の人々も、なにも変わらない。違っていてほしい、というまなざしも感じるが、違わないものを無理に曲げても仕方ない。

では、お坊さんが果たすべき役割とはなんだろうか。

それは、人生の方位磁石だと思う。

日本に伝わった仏教のベースには、「お坊さんは、すべての人々の苦しみがなくなるまで、この世に生まれ変わり続けて苦しみに寄り添い続ける」という大きな夢物語がある。これを実現するのはたぶん不可能だ。でも、もし実現できる可能性を高めるなら、山奥でひっそりと暮らすよりも、社会の中にどっぷり浸かったほうがいい。私は、最近ようやく、しがらみのまっただ中で、世間と変わらない生活を送ることに納得できるようになった。

だから、坐禅したり念仏したりする合間にはイクメンにも努めるし、円ドルレートや株の値動きなどをチェックし、選挙があれば投票にも行く。みんなが自分の生活だけを優先すれば、この社会はますます生きにくくなる。大事な時間もお金も譲り合いながら、一緒に生きていく姿こそ仏教的に正しい。日線の先にしっかりと夢を見つめていれば、人生に遠回りはあっても迷うことはない。社会の中でそう号令をかけることが、私なりの人生のナビゲーションのつもりである。

お寺もまた、人生を見つめるワークショップを行う場としてデザインされていると感じる。お寺が出家者の住処《すみか》ならボロボロの庵《いおり》でもかまわないはずだが、現実のお寺は立派な伽藍《がらん》をかかえている。とても隠棲の空間ではないが、気づきを得られる場ではある。長い年月をかけてお香が焚きしめられてきた本堂に入ると、呼吸するだけで心が和む。日ごろ、肩肘張って生きてたんだなと、自分の体を撫でていたわってやりたくなる。イライラしていた感情が消え、優しく他人に接していないことを恥ずかしく思う。

仏教のワークショップには、他では味わえない趣《おもむき》がある。浦上哲也《うらかみてつや》さんが、ご自身が住職を務める「なごみ庵」などで行う「死の体験旅行」ワークショップは、誰もがやがて迎える死に向き合い、愛するものとも離れる定めにあることを想う時間。老いて死んでいくというつらい現実からは、ついつい目を背《さむ》けたくなるが、参加した30代の女性に話を聞くと、「自分の大事なものに気づき、生き方を思い直した」そうだ。

退蔵院《たいぞういん》では、松山大耕《だいこう》さんが由緒ある襖絵を現代の感性で描きなおす計画に取り組む。百年、二百年が経ったとき、街の風景はまるで異なっているだろうが、お寺の襖絵はきっと同じ場所に留まり続ける。未来の人々が襖絵にふれたときには、そこから私たちの時代の息づかいを感じ取ってくれるだろう。お寺の空間デザインは、時空を超えて対話するという壮大なワークショップである。

カーナビも地図も持たずにドライブすれば確実に道に迷うように、人生もナビゲーターなくしては必ずさまよう。「お寺に行くなんて時間のムダ」と言ってのけるのは簡単だが、自分だけを頼りに生きるのは時につらい。たまにはお寺を訪ねて、世間の人々となんら違わないお坊さんと苦しい想いをシェアし、人生の原点を見つめ直してみよう。忘れていた大切な感情を思い出し、自分らしさを取り戻せるはずである。

法然院

由緒正しい寺で、年間100以上の催しが！

お寺にいる時間を楽しんでもらうことが、仏の教えや生きる喜びを感じることにつながっていく

京都・洛東の哲学の道近くに、豊かな自然に囲まれた「法然院《ほうねんいん》」がある。法然上人ゆかりの鹿ケ谷の草庵を、延宝8（1680）年に萬無和尚と忍澂和尚が再興した寺で、狩野光信《かのうみつのぶ》筆の襖絵のある方丈や庭園ほか見所が多く、特別公開時には大勢の参拝客が訪れる京都有数の観光名所だ。

ここに、自然に親しむ活動の拠点として設立されたのが「法然院森のセンター」。アーティストの発表の場として境内を開放、シンポジウムを開催するなどさまざまな活動を行っている。

「寺は開かれた共同体であるべき。そう言って先代の頃から法事以外の活動もしてきましたが、私自身も社会と関わっていきたいという思いが強くて。1985年にスタートした『森の教室』は、近所に鳥の生態に詳しい方がいらっしゃったので、境内の森を活かした環境学習で、生き物との関わりを見つめ直してもらえたらと思って始めました。そのうち、ここでコンサートや個展をしたいという話もくるようになり、引き受けているうちに今のような形になったんです」

と、貫主《かんす》の梶田真章さん。清浄なお寺の空間はアーティストたちにも好評で、本坊を使ったコンサートや講堂を使った個展など、今では年間100以上の催しが行われている。今でこそお寺がこうしたイベントの会場になるのは珍しくないが、20年前に始めた当時は、実に斬新なことだった。

「もともとお寺は芸術家たちが自分の作品を発表する場所でもありました。あらゆる人の表現、その人の思いと出合う場所というのがお寺の一つのあり方ですから、別に新しいことをやっているわけではないんです。環境学習やコンサートや個展など、いろんな方の心が集まった中で、何かを感じて自分の生き方を問い直す場所になってほしい。お寺にいる時間を楽しむことが、仏の教えや生きる喜びを感じることにつながると思いますから」

月一度の佛教講座や念佛会をはじめ、法話の会、読書会などお寺本来の催しも積極的に行っており、コンサートに訪れた人がのちに佛教講座に参加することも、よくあるそうだ。

「最初から仏教そのものをお伝えするのではなく、まず自分の生き方を見つめ直していただくことが大切だと思っています。仏様と向き合い、自分が存在する意味を問う。そもそも、苦しみの原因は自分にあって、こうあるべきだという思い込みが自分を苦しめているわけで、すべては自分の考え方次第。苦しい時こそ〝これが今の私だ〟と受け止め、また一から出発するものだとお釈迦様はおっしゃっています。人生思い通りにならないのが当たり前で、思い通りになればありがたいこと。求める以上は苦しいことも覚悟しなくてはいけないということに気付いていただくのが、仏教とお寺の役割です。でも、そのことを、日本のお寺は長い間伝えてこなかったのではないでしょうか」

今は家族や地域との関係が希薄だったり、逆に濃密過ぎたりして、個人のよりどころを必要としている人が多い。だからこそ僧侶が伝える努力をしていくべきだ、と梶田さんは言う。

「いつも『絆より縁』と言うんです。特定の人とのつながりより今日出会った人との関係を大事に生きることが、今の日本人には必要ですよね。11年から、春と秋に『悲願会』という東日本大震災被災地復興支援の集いを始めました。各1週間にわたり、手弁当で集まったアーティストがコンサートやバザーなどを行って、集まった人が仲間としてできることに取り組み、困難な時代を一緒に生きることを確かめ合おうという会です。誰もが被災者になるかもしれない。他者のために悲しみに寄り添い、自分のこととして共有していこうということを、京都から発信していきたいですね」

善気山　法然院　萬無教寺
単立宗教法人
京都市左京区鹿ケ谷御所ノ段町30
☎075-771-2420(9:00～16:00)
[参拝時間]6:00～16:00 ※本堂で行事のある時は本堂前での参拝は不可
http://www.honen-in.jp/
[アクセス]市バス南田町バス停から徒歩5分、市バス浄土寺バス停から徒歩10分
[拝観料]なし(伽藍内は通常非公開)
[お寺の見所]山と一体となった庭園

イベント

伽藍内特別公開
有料。春季4月1日～7日、秋季11月1日～7日(期間中、法話の会も開催)

善気山念佛会
参加志納。12月を除く毎月26日(12月は別日の場合も)　15:00～その他、随時　佛教講座、森の教室、法話の時間、個展、コンサート、落語会など

退蔵院

現代の絵師が描く「方丈襖絵プロジェクト」

300年先まで残していくための本堂の襖絵を若い女性の描き手がただいま制作中です

室町時代から江戸時代にかけて活躍した絵師集団・狩野派や、長谷川等伯、伊藤若冲《じゃくちゅう》などの優れた絵師たち。後世に残る素晴らしい作品が生まれた背景には、社寺や武将がパトロンとなって絵師を雇い育てた「お抱え絵師」システムがあった。そのシステムを現代に復活させる試みが、京都で始まっている。臨済宗大本山・妙心寺の塔頭《たっちゅう》、退蔵院《たいぞういん》の「方丈襖絵プロジェクト」だ。

「私たち京都のお寺は、ご先祖さまが残してくれた優れた文化財のおかげで生活ができています。でも、それだけではいけない、常に何かを残していかなければいけない。〝今〟の時代の最高の芸術を残していかなければいけない――。そう考えたとき、かつての『お抱え』というシステムの復活を思いついたのです」

と話し始めたのは、副住職の松山大耕《まつやまだいこう》さん。

退蔵院は、山水画の始祖といわれる如拙《じょせつ》の傑作「瓢鮎図《ひょうねんず》」（国宝）ほか、狩野元信《もとのぶ》による枯山水庭園、築400年の重要文化財の本堂などで知られる美しい禅寺だ。本堂の襖絵は狩野派の絵師・狩野了慶《りょうけい》の優れた遺品だが、約400年ぶりにこれに代わる新たな襖絵を制作しようというのが今回の「方丈襖絵プロジェクト」だ。後世に語り継がれていくような新たな文化財をうみ、それを創り出す新たな芸術家を育てたい。若手芸術家に水墨画を描かせ、京都を「芸術の都」としてさらに世界にアピールしたい――。その描き手に選ばれたのが、京都の大学・大学院で絵画を学んだ弱冠27歳の女性、村林由貴さんだ。

「2011年3月、若く才能がある人、京都にゆかりのある人、やりきれる度胸がある人、宗教や文化を尊重できる人という条件で公募したところ、30名あまりの応募がありました。

彼女は水墨画は未経験でしたが、大胆な線で素早く描けるということと、64面を描ききると言いきった度胸の良さが採用の決め手になりました。以来、本当によくがんばってくれています。

一日16時間坐禅し、3時間睡眠で修行する臨済宗の〝大摂心〟も経験し、寺に住み込んで毎朝の雑巾掛けや庭掃除をしながら、自然のうつろいや草花のいのちと向き合ってきました。その中で感じたことを、全身全霊を傾けて絵にしていってくれていると思います」

13年秋、アトリエでもある塔頭寺院・壽聖院の襖絵を完成させ、いよいよ退蔵院の襖絵に着手する村林さん。そしてこのプロジェクトで興味深いのは、刻々と描きあげていく制作過程を期間限定で一般公開しているところだ。

「お寺ですから、好きなものを描いていいわけではありません。

参拝客がどういう気持ちでお参りに来るのかを感じることで、信仰心や仏への畏敬の念というものを、彼女自身に学んでほしかった。

一方、参拝客の方々も、襖絵の描かれる現場を観ることはめったにできないはずです。そこで、制作に打ち込む絵師の姿勢はもちろん、熟練の表具師たちの丁寧な仕事の積み重ねである襖そのものを間近に見て、説明を聞くと、文化財に対する見方が変わるのではないかと。それが、心をつないできた寺、そして仏というものに、意識を向けていただくきっかけになればいいと考えたのです。

仏教というのは、現代に生きている人たちや、今の社会問題を〝主役〟として扱っています。だから私も、今の時代が求めていることをやっていきたい。そういう意味で、この襖絵プロジェクトは、私にとってもまさに仏教の実践でもあるのです」

妙心寺塔頭　退蔵院
臨済宗
京都市右京区花園妙心寺町35
☎075-463-2855
http://www.taizoin.com/

イベント

襖絵制作アトリエ見学ツアー
アトリエにて現場見学のほか、襖絵を制作している妙心寺壽聖院（通常非公開）の参拝、退蔵院にて狩野了慶の襖絵や庭園鑑賞もできる。おみやげに退蔵院オリジナル練り香水を進呈。期間限定（25名限定）開催。詳しくはhttp://taiken.onozomi.com/special/taizoin/index.html

経王寺

仏像やお経について学ぶ場

あまり知られていない仏教の面白さを伝えていくのもお坊さんの役割だと思っています

音楽イベント「プンダリーカ・ライブ」を8年間開催、法華経をラップで披露した姿は、アメリカのCNNでも放送され話題に。東京・新宿区にある経王寺《きょうおうじ》の住職・互井観章《たがいかんしょう》さんも、型破りな僧侶のひとりだ。経王寺は400年あまりの歴史を持ち、江戸時代から庶民の信仰を集めている「開運・大黒天」像は、度重なる大火に遭っても焼失を免れた、別名、火防《ひぶ》せの大黒天。そんなお寺で、互井さんは父親の跡を継ぎ今に至るが、経王寺は世襲制ではなかったため、このお寺で親から子へ受け継ぐのは互井さんが初めて。期待されて育ったが、その道のりは紆余曲折だった。

「子供の頃からカウボーイに憧れていて、牧場で働くのが夢でした。高校卒業後、どうしても牧場で働きたくて、家出同然に北海道へ行ったところ、農家の方から『これからの酪農は、大学でちゃんと勉強しないとやっていけないよ』と諭《さと》されて。東京に戻り、大学を受け直して、北里大学獣医畜産学部畜産学科に入学しました。これが最初の転機。その後、大学から紹介されてアメリカの牧場で働いたんですが、研修で行ったカナダで、僕はもう一人の恩人と出会いました。それは、日本から単身カナダに移り住み、一代で財を築いた農場経営者です。

その頃、留学ビザが切れる直前だったので、なんとかこのまま海外で働き続けたくて彼に相談すると、僕の実家が寺だと知った彼に一喝されました。彼は熱心な仏教徒だったんです。慣れない外国で、日本人がコミュニティで認められるために、教会に毎週通い、血の涙を流すほど働かなければならなかった。辛い時、お寺に相談したくてもカナダに寺はなく、救いは日本から持ってきた両親の位牌と南無阿弥陀仏と唱えることだけ。お前は坊主になって、外国で苦しんでいる俺たちを助けろと言われて……その言葉が心にズシリと響いたんです」

これを機に、帰国して僧籍を取得。17年前からは超宗派の僧侶が運営する団体で、一般の人からの電話相談を受けるようになった。当初よくあった問い合わせが、お坊さんと一緒にお経を読めたり、法話や催し物をするお寺を紹介して欲しいというもの。そこで互井さんは、人々のニーズにこたえようと、法話、音楽イベント、お坊さんの修行を一通り体験する「一日修行」、仏像とお経について学ぶワークショップを次々と立ち上げた。

「約月1回開催の『仏像でナイト』は、最近の仏像ブームに違和感を持ち、お坊さんならではの話をしようと思って始めました。具体的には奈良、京都、近江、鎌倉、東京とエリア別に仏像を取り上げ、それぞれの仏像が作られた時代背景や仏教の教え、込められた願いまで掘り下げてお話ししています。たとえば、今人気の興福寺の阿修羅像。色っぽいと評価されていますが、そんなとらえ方だけではもったいない。阿修羅像は、光明皇后が母親の追善供養のために作ったとも、皇后が幼くして亡くなった子を偲んで、成長した少年の面影を彫らせたとも言われています。そういう背景を知ったうえで見ると、色っぽさとは少し違う感じがしませんか。

より仏像に親しんでもらうために、毎月の講座のほかに課外授業で日帰りのフィールドワークも開催します。こんなふうに、あまり知られていない仏教の面白さを伝えていくのも、お坊さんの大切な役割だと思っているんです」

そんな互井さんの考える仏教の魅力とは――。

「それは何と言っても、私自身が仏様になれることです。鬼のような怒りを持つ私でも、修行すれば仏像のように優しさに満ちた笑顔になれる。エステに行くより美しくなれるんですよ（笑）」

大乗山　経王寺
日蓮宗
東京都新宿区原町1-14
☎03-3341-1314（9：00～17：00）
http://www.kyoouji.gr.jp
都営大江戸線牛込柳町駅東口前、東京メトロ東西線早稲田駅から徒歩15分、都営新宿線曙橋駅から徒歩15分。JR山手線新大久保駅前からバス「新橋」行きに乗車、「牛込柳町」下車。
[拝観料]なし
[駐車場]なし
[お寺の見所]「火防（ひぶ）せの大黒天」として、庶民の信仰を集める大黒天像がある。

イベント

「一日修行」（年2回　各回1万円　要予約）、「仏像でナイト」（年8回　各回1000円）、「お経を読む」（年8回　各回1000円）※日程はホームページで随時告知。

等覚院

仏教をカルチャーとして楽しむ機会を提供

ワクワクと納得を共有したくて、「仏教で一緒に遊ぼうよ」という気持ちで場を開いています

「お坊さんはクリエイターでありアーティスト」

そう語るのは、つつじ寺としても有名な等覚院《とうかくいん》の副住職・中島光信《なかじまこうしん》さん。名門寺に生まれたものの大学では芸術学を専攻し、寺を継ぐことは頭になかった中島さんの転機は18歳のとき。国際青年環境NGOのごみ削減の活動に関わり、そこでグローバルな視点を持った多くの先輩に出会い、彼らから〝カルチャーとしての仏教の面白さ〟を教えられ、仏教の深さに驚いたのだという。

「NGOの研修で数々のワークショップに参加しているうちに、話し合いの進行役をする〝ファシリテーター〟に興味を持ったんです。昔はきっと、お寺が人々にコミュニケーションの場を提供して、お坊さんが人と人とをつなぐファシリテーターだったのではないかなと思って」

それを機に中島さんは、仏教を多角的に捉えた多彩なワークショップを主催する僧侶になった。中でも現在、力を入れているのは、クリスチャンの志塚昌紀さんとイスラム教徒の永野ナセル将司

さんとの三人で開く、WORKSHOP AID《ワークショップエイド》。世界三大宗教「キリスト教、イスラム教、仏教」の比較だ。

「〝神が世界を築いた〟という世界観のキリスト教とイスラム教に対して、〝もともとあるものに気づいてしまった〟というのが仏教のスタンス。この違いは興味深いです。

内容は毎回変わり、あるときは教会、モスク、お寺を回って宗教行事に参加し、別の回では都内のカフェを会場にして各宗教の『食』との向き合い方を探りました。キリスト教は聖餐式で振る舞われるワインとパン、イスラム教はイスラム法で処理された肉を使った特製カレー、仏教は精進料理を食べ、各宗教ではどのような教えに基づいて料理が食べられているのかを学んだりします」

各回参加者は20〜40代が多く、男女比は半々。ベリーダンスを習い始めてイスラム教に関心を持った人もいて、宗教をカルチャーとして捉え、新しい感覚で楽しんでいる人が多い。質疑応答の時間には参加者もどんどん発言して、活発に議論を交わす様子が印象的だ。

「僕自身、仏教への入り口がカルチャーだったので、参加者とは『仏教で一緒に遊ぼうよ』という仲間意識があります。

無宗教ともいわれる日本だからこそ、海外と比べてニュートラルに三大宗教を比較できる環境にある。仏教にも色々な宗派があって、僕たち天台宗のお坊さんは物事を言語化して説明しきれないと思っているけど、他の宗派ではそうではないのかなと感じることもあり、同じ仏教でも比較してみると、とても面白いですよ」

新たに仏教を知り、相談にくる人たちに、中島さんが心がけていることは？

「お坊さんが正しいもの、優れたものを持っていて、相手に『与えてあげる』というスタンスには違和感があります。以前、知人に『お寺に人が来ないのは、正しさを掲げるからだ』と言われた経験が、頭のどこかに残っているからかもしれません。

人ときちんと付き合いたいし、僕自身も、自分の気持ちの浮き沈みから逃げずに浸っています。人が心情を吐露する時は、『この人も大変そうだな』って感じる人を選びたいはずですから。目指したいのは、音楽でいうなら苦悩や絶望などの情感を歌い上げるブルースやフォークソング。言葉にしきれない人の気持ちにも共感し、喜びや痛みに寄り添っていける、そんな坊さんでありたいです」

神木山　等覚院
天台宗
神奈川県川崎市宮前区神木本町1-8-1
☎044-866-4573（9：00～17：00）
[参拝時間とお休み]9：00～17：00 無休
http://www.tougakuin.jp/
[アクセス] JR南武線武蔵溝ノ口駅または東急田園都市線溝の口駅から、バスで10分、「神木本町」で下車徒歩5分
[拝観料] なし
[駐車場] 10台程度
[お寺の見所] 4月下旬にはつつじが美しく咲き乱れるほか、癌封じ、ぜんそく封じの寺としても知られる。

イベント

坐禅止観ワークショップ
●夏休み子供坐禅会
等覚院　毎年7月24日～31日

●坐禅の時間。ジブンの時間
寺子屋ブッダLAB　月1回

野外フェスティバルでの坐禅など、随時開催。
WORKSHOP AIDや各種ワークショップはHPで随時告知

「金子みすゞ」から仏の教えを届ける

倶生山なごみ庵

小道具、音響照明機材も自前。真宗の教えを伝えるために、妻と二人で芝居を「出前」します

詩人・金子みすゞの一生を描いた「ひとり舞台」と「法話」で注目を集めているのが、倶生山《ぐしょうさん》なごみ庵庵主《あんじゅ》の浦上哲也さんと女優の保谷果菜子さん夫妻。

みすゞが遺した数々の詩の根底には仏教思想が流れており、関心を持つ僧侶も多く、二人への上演依頼も全国の寺院から寄せられているとか。浄土真宗の宗祖・親鸞聖人《しんらんしょうにん》の妻・恵信尼《えしんに》がモデルの朗読劇と合わせて、これまで約110ヵ所のお寺で140回もの公演を重ねてきた。

「東京仏教学院在学中、授業で『大漁』という詩を読んだのが、みすゞ作品との出合いでした。彼女の視点が、いのちを慈しむ仏や菩薩の境地に近いように感じ、すぐに本を買って帰宅したところ妻が私以上に気に入ってしまい、みすゞの詩を全編にちりばめたシナリオを書き上げたんです。公演ではひとり舞台は妻が演じ、法話は私が担当と、役割分担しています」

浦上さんは大学卒業後、一般企業に勤めていた時、親戚の寺の住職から声をかけられて僧侶に。

お寺勤めの傍ら東京仏教学院に通い、２００６年に布教所なごみ庵を設立、毎月の法話会や写経会で研鑽を積んでいった。そんな浦上さんが今、力を入れているのが〝グリーフケア〟。大切な人を喪《うしな》った方の悲しみ苦しみに寄り添い、少しでもやわらげようと支援する道だ。

「東日本大震災をきっかけに、〝グリーフケア〟としてのお弔い、ひいては仏教の役割が見直されてきたのを感じます。また、講師を招き、仲間の僧侶とともにガン告知から死までを仮想体験する『死の体験旅行』というワークショップを開催しました。12年10月、インターネット寺院の『彼岸寺』のホームページに体験レポートが掲載されたところ反響が大きく、13年1月から一般向けのワークショップを始めました。一年間で21回開催しましたが依頼はまだまだあり、みなさんの関心の高さに本当にびっくりしています」

倶生山なごみ庵
浄土真宗
神奈川県横浜市神奈川区平川町21-7
☎045-491-3909
http://753an.blog.so-net.ne.jp/
facebook.com/753an
bouzu@sd5.so-net.ne.jp

みんなの寺

夫婦で取り組んだ理想の寺作り

「いつでも誰でも気軽に足を運べて、自由に仏教に触れられる」小さなお寺です。お気軽にご参拝ください

檀家ゼロの状態から、一般家庭に生まれた人がお寺を作れるの⁉

それを実現したのが、宮城県仙台市にある「みんなの寺」。住職を務める天野雅亮さんは、高校卒業後、京都にある僧侶養成学校・中央仏教学院に進学。1年間、浄土真宗本願寺派の教義を学んだ後、京都と仙台のお寺（本願寺別院）で僧侶を務めた。その後、給与を貯めて15年間で1000万円の資金を用意し、2002年、34歳の時に自分のお寺を開山したのだ。

奥さんの和公《わこう》さんも幼いころから仏教に興味があり、なんとミャンマーで尼僧修行した経験の持ち主（コミック『ミャンマーで尼になりました』天野和公）。みんなの寺開山は、雅亮さんから和公さんへの「お寺をつくらない？」というプロポーズから始まったとか。

二人三脚で取り組んだその経緯は、和公さんの著書『みんなの寺のつくり方』で詳しく紹介されているとおり、試行錯誤の連続。二人が悩み、つまずき、決断していく姿を追ううちに、読者も改

めて自分にとってのお寺や宗教の意味を考えることになる。

「明快でわかりやすく、現実的な答えを示してくれるところが、仏教の魅力です」

と、和公さん。住職の雅亮さんもこう語る。

「私自身、自由な立場で仏教に関わりたかったので、どの宗派にも属さない単立《たんりつ》寺院にしました。年会費や寄付金は不要で、無理のない範囲のお布施をいただいて運営しています。檀家さんですか？10年間で550にまで増えました。

お寺を作った頃、瞑想をしたいと訪ねてきた人にマンツーマンで対応したのが縁で、今では一般の人向けに毎週金曜に瞑想会を開き、毎回10人ほどが参加しています。お寺の存在が地域に根づいてきたのだと思うと、嬉しいですね」

宗教法人みんなの寺
単立宗教法人
宮城県仙台市泉区北中山1-1-16
☎ 022-379-3940
http://www.mintera.info

日本仏教主要13宗の起源

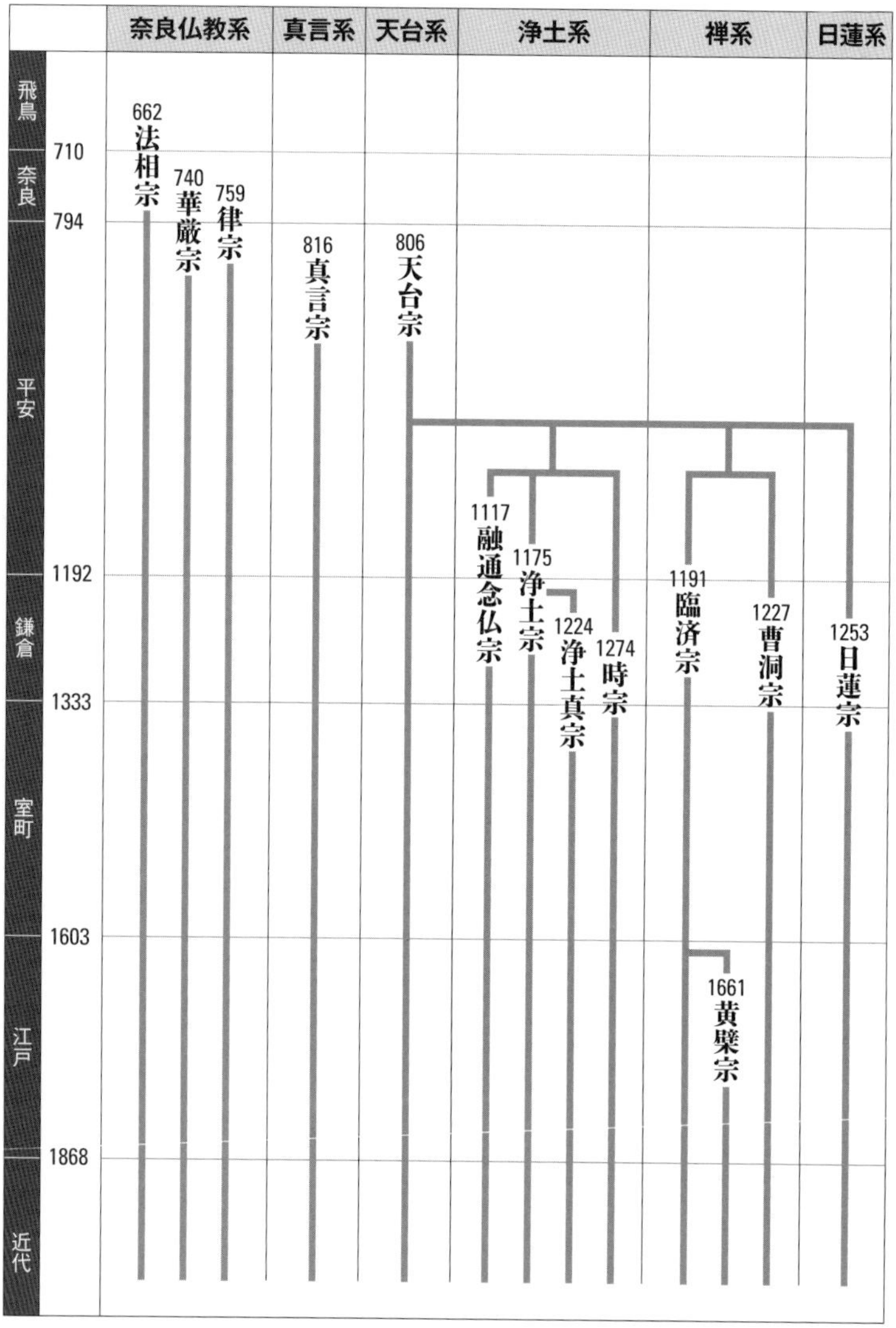
奈良仏教系
真言系
天台系
浄土系
禅系
日蓮系
飛鳥
奈良
平安
鎌倉
室町
江戸
近代
710
794
1192
1333
1603
1868
662 法相宗
740 華厳宗
759 律宗
816 真言宗
806 天台宗
1117 融通念仏宗
1175 浄土宗
1224 浄土真宗
1274 時宗
1191 臨済宗
1661 黄檗宗
1227 曹洞宗
1253 日蓮宗

第5章

「ライブ」で聴く仏教で、真理を知る

お坊さんの声は究極のデトックスだ！

かんじぃざいぼぉさぁ……。

いつも聞き慣れた般若心経の冒頭。

荘厳な響きに、「負けました」とひれ伏したくなるときがある。

お坊さんとしての自分のいたらなさを痛感できる幸せな瞬間でもある。

どのお経を、どういう響きで唱えあげるか。そこにはお坊さん魂のせめぎ合いがある。「門前の小僧習わぬ経を読む」ということわざのとおり、唱えつづけて鍛え上げられた読経の声は、お坊さんのパーソナリティーそのもの。お坊さんそれぞれに「俺の読経」「俺の般若心経」があって、魂のこもった般若心経を至近距離で聞くと、「うおっ！」「こんな響きがあったか」と唸らされる。お寺の本堂には、ロックライブさながらの感動がある。

お葬式や法事を「ライブ」というとさすがに批判を招くだろうが、人の死に出会う一期一会《いちごいちえ》の「ライブ感」は大切にしたい。参列されている人々の雰囲気を肌で感じ、ベストな響きで唱える。交通事故で若くして亡くなった方のお葬式の時など、遺族のむせび泣く声を背に受けながら読経し、あの世へと送り届ける。終了後の鳴りやまぬ拍手の代わりに、喪主から「いいお葬式をありがとうございました」「故人もきっと喜んでいます」と言われたら、泣けるほど嬉しい。

そういうリアルな現場に常に立ち会っているからだろうか、お坊さんがふだんの会話で話す声が、「癒される」と評判だったりもする。カジュアルなイベントを開催したときに般若心経を唱えると、ヒーリングミュージックが流れているかのようにくつろいでいる人がいる。長年にわたって鍛え上げられた声には、力強さとか厳しさだけじゃなく、ほっとする感じもあるらしい。真剣に心を込めて祈願している私としては拍子抜けもするが、それでいいんだと思う。般若心経は、時代や国境を超えて、人々の心をつかんできたヘビーローテーション。うやうやしく聞いても、ヒーリングミュージックとして気楽に聞いても、デトックス効果が得られるんだろう。だから、お葬式に参列しても焼香を終えたらすぐに帰るのではなく、読経の声の響きに耳を澄ませて欲しい。もし、その声があなたの心の奥まで届くなら、故人に想いを馳せながら、癒されていく感覚を味わえるはずである。

読経を最高のパフォーマンスで楽しみたい人は、各宗派ごとに読経の精鋭を集めたスペシャルなライブが開催されているので、ぜひ体験してみてほしい。声明《しょうみょう》（旋律のついたお経）の幽玄な調べに耳を傾けるだけでも価値があるが、中でも七聲会《しちせいかい》のコンサートはインド音楽とのセッションによってはるか仏教の源流へといざなってくれる。対照的なのは、真言宗の読経と、山下洋輔《やましたようすけ》さんや日野皓正《ひのてるまさ》さんらジャズ奏者がコラボレーションして収録されたCD『慈愛LOVE』だろう。めくるめくインプロヴィゼーション（即興）に息をのむ。

もう一つの楽しみとして、お坊さんたちの（文字通りの）音楽ライブも見逃せない。光明寺住職で、メジャーデビューを果たした実力派歌手でもある三浦明利《みうらあかり》さんの歌を聴くと、透き通るような美しい声に心が洗われていく。多くの命と出会い、死の悲しみと向き合ってきた声だと直感する。他にも、言葉では言い表せない瞑想中の感覚をクリスタルボウルで奏でるＹｕｇｉ（真言宗僧侶）のＣＤ『六大』は、お坊さんならではの深い一枚だ。

ＹｏｕＴｕｂｅやｉＴｕｎｅｓでいつでも簡単に好きな音楽を聴ける時代だが、心を潤してくれるのはやっぱり魂のこもったライブの響きである。お坊さんと、お堂やライブハウスに居合わせた人とが、声や楽器の音によって一つになっていく。あるいは法話の声に酔いしれる。そういう仏教の味わい方もあっていい。

常にナマの生死の現場に立ち会い、読経を続けてきたお坊さんたちのプロフェッショナルなライブに行けば、あなたの心にみずみずしい感動を残してくれるだろう。

七聲会

「お経」ライブで感動を一つに

僧侶達の呼吸が一つになったとき、なんともいえない一体感を創り出せるのです

ロンドンの街中のパブで、ビール片手の酔客を前に袈裟をまとった僧侶たちがライブする――!

1993年結成。10年以上も前から「お経」ライブを始め、フランス、オランダ、ベルギー、オーストリア、イスタンブール、ドイツ……と海外公演まで行う僧侶集団、それが「七聲会《しちせいかい》」だ。

「お経といっても、正確に言えば、仏典に独特の節を付けた『声明』と呼ばれるものです」

まずはそう教えてくれたのが、「七聲会」代表を務める京都・大光寺の住職、南忠信さん。

長唄や謡曲といったあらゆる日本音楽のルーツと言われている仏教音楽のことを声明といい、現代では声明を学ぶ僧侶は、総本山の「式衆《しきしゅう》」などごく一部に限られている。

式衆とは、宗祖の命日に行う御忌《ぎょき》法要などの際に、声明や礼賛《らいさん》などを唱える専門集団のこと。浄土宗の総本山知恩院では「式衆会」として組織されており、「七聲会」は、彼らを中心としたメンバーによって結成された僧侶バンドなのだ。

1987年、知恩院で開かれた催しで、インド古典音楽の演奏家・中川博志さんと南さんが出会い、初めてインドや中国の楽器と声明のコラボを経験。「ああ、声明は音楽なんだ」と思ったのが結成のきっかけになったという。

「声明は、拍子はあってないようなものです。しかも、キリスト教を背景にして生まれたクラシック音楽の交響曲が持つような、興奮や劇的な要素もありません。しかし、唱える僧侶の呼吸が一つになっていくと、なんともいえない一体感を創り出すことができる。それは、風が吹いてくるような、ときには波が打ち寄せるような、自然のリズムに人の呼吸が合ってくる感覚です」

その演奏に感動したインド古典音楽演奏家の中川さんが自らプロデューサーとなり、「七聲会」に出演をオファー。国際交流基金派遣事業や文化庁支援事業として、海外各地で数々の公演活動を成功させてきた。

「伝統の声明に舞台用のアレンジを多少加え、しかも仏前ではなく舞台の上で読経するということこれまでになかった体験ですから、最初は『これでいいのかな』という戸惑いがありました。それが、2000年、全英各地で公演を行ったロンドン・ミレニアム公演で、北イングランドの小さな村の集会所で上演した時のこと。

終了後、ご高齢の女性が手渡してくださった封筒の中に、20ポンド紙幣と小さな紙切れが添えてあり、そこには〝There are no strangers under the cherry tree. — Issa〟と書かれていたのです」

「花の陰　あかの他人はなかりけり」——。

満開の桜に惹かれて集まった人たちには相通ずるものがあって、赤の他人のような気がしないと詠んだ小林一茶の句。声明の響きは国境や文化を超えて人々に感動を与えることができるのだと、メンバー全員が確信した瞬間だった。

「よくみんなで話すんですよ。1000年以上もの伝統を持つ声明を守り、伝えることを通じて、お念仏への関心を高めることができるなら、バーでも、ライブハウスでも、小さな公民館でも、教会であっても、地球上で呼んでいただけるところには、どんなところにでも行きましょうと。それは、『念仏の声するところはすべて私の遺跡《ゆいせき》（ゆかりの地）である』とおっしゃった法然上人の教えにも通ずるところがあるのだと思っています」

七聲会
浄土宗総本山知恩院式衆を中心にする僧侶グループ。声明、法要、儀式を研究し、舞台公演を行っている。1995年、国際サイコオンコロジー学会神戸大会でのインド音楽との和奏を契機に結成。名前の由来は声明の七つの音階から。イギリス公演ツアー（2000年、2003年、2004年、2008年）、フランス公演ツアー（2004年）（以上、国際交流基金派遣事業）、オランダ・ベルギー・オーストリアツアー（2009年、文化庁支援事業）など、積極的な海外公演活動を実施。2010年にはイスタンブール、2011年にはドイツ公演を成功させた。2001年『聲明源流』、2009年『天下和順 PEACE ON EARTH』（ともにMFSレーベル）の2枚のCDをリリース。
詳細は公式ホームページ
http://shichiseikai.com/

浄土真宗本願寺派の若手僧侶が設立したコミュニティ メリシャカ

仏教と音楽には共通点がある。ならば、フェス感覚で聴ける法話を、若い世代に届けたい

ライブを聴きに行くように法話に足を運ぶ。そんなユニークな催しが、京都で行われている。若手僧侶達がゲストを招き、毎年年末に開催する「メリシャカＬＩＶＥ」だ。

「メリシャカＬＩＶＥとは、音楽と仏教によるライブイベントです。生きる知慧と勇気を与えてくれる『仏教』と、生きる力と感動を与えてくれる『音楽』を同じ空間で生で体験しようと、旬のミュージシャンによるライブや僧侶による法話、読経を行っています。お寺での法話だと敷居が高いという若い世代の人達も、フェスに行く感覚で気軽に足を運んでくださるんですよ」

と、実行委員メンバーで僧侶の佐藤知水さん。そもそも「メリシャカ」とは２００６年に浄土真宗本願寺派の若手僧侶によって設立されたコミュニティのこと。「メリークリスマスがあるなら〝メリーシャカ〟があってもいいだろう」と仏教コラムをウェブサイト「メリシャカ」で配信し、多分野で活躍する宗教者を招いた講演会「メリシャカナイツ」を企画。さらに「参加の間口をより広げ

たい」と09年から毎年「メリシャカＬＩＶＥ」を行っている。第4回目の「メリシャカＬＩＶＥ２０１２」は、12年12月22日に開催された。ゲストにＡＳＩＡＮ ＫＵＮＧ‐ＦＵ ＧＥＮＥＲＡＴＩＯＮの後藤正文さんと、シンガーソングライター・ＹｅＹｅさん。ＭＣにはコントグループ「ジョビジョバ」の元メンバー（現在は僧侶）の木下明水《めいすい》さん。当日、受付前には、会場入口のある3階から1階フロアまで続く長蛇の列が。開場と同時に収容人員４００名のホールは、20代と思《おぼ》しき若者を中心にした熱気に一気に包まれた。

読経中、配布されたお経の文字を目で追いながら「南無阿弥陀仏」の大合唱に加わる人、ディスカッションを前のめりになって聴いている人――ミュージシャンと僧侶、音楽と仏教、異なるジャンルの意外な組み合わせを、会場中の観客は抵抗感なく楽しんでいた。

「２０１３年は、それまで会場だった西本願寺の聞法会館《もんぼうかいかん》を飛び出し、大阪相愛大学の５５０人規模のホールを会場にうつしました。大学でのフェスらしく学生にも協力してもらって、読経隊と聖歌隊による勤行、読経隊による重誓謁、聖歌隊とパイプオルガンを交えた敬礼文・三帰依、恩徳讃からスタート。お経とコーラスとパイプオルガンの融合が大変心地良かったです」

会場では、お坊さんに気軽に愚痴を聞いてもらえる「グチコレ」や、お焼香体験に精進スイーツ、腕輪念珠作りなど仏教的なワークショップも多彩に展開。前年に続いて出演の後藤正文さん他、岩崎愛さん、お坊さんユニットＴＡＲＩＫＩ　ＥＣＨＯなど強力ゲストのライブに華を添えていた。

「毎年、アンケートでは『大変よかった』という感想を多くいただきます。『後藤さんのライブが聴きたくて来たけれど、法話からディスカッションまで考えさせられることが多く、刺激になった』『仏教の話をもっと聴きたいと思った』『いつか必ず死ぬ、だからこそ、いま何が大切か考えたいと感じた』など、非常に有難い声が届きました。ライブイベントなのに皆さんが法話をじっくり聴いてくださるのは、音楽と仏教に共通点があるから。ミュージシャンも僧侶も同じところにいて、現代を生きる人の苦しみや悲しみ、歓びに日々向き合っている。その親和性を活かして気軽に足を運んでもらえる法話の場を、これからも作っていきたいです」

そう語る佐藤さんにとっての、仏教の魅力とは？

「『あなたの幸せこそ私の幸せ。あなたの悲しみを共に私も感じる』。そういってくれる慈悲の心に遇《あ》えばこそ、生まれてきて良かったといえる——仏教のそんなところに私は惹かれます」

メリシャカ
http://ms-live_net/
facebook　https://www.facebook.com/merryshaka.live
mail:merryshakalive@gmail.com

光明寺

住職は現役ミュージシャン・三浦明利

僧侶だからこそ生み出せる音楽がある。私にとって音楽は、僧侶の活動の延長線です

テレビ番組で「美人すぎる住職」として紹介され、ちふれ化粧品のＣＭにも出演。各方面で話題を集める僧侶・龍王山光明寺住職の三浦明利《みうらあかり》さんは、現役ミュージシャンでもある。

「正直、そんなふうに紹介されていいのかと戸惑いはありましたけれど、ご門徒さまが『何事も経験』と背中を押してくださったのが、ありがたかったです」

龍谷大学大学院時代、仏教音楽の研究をしながらガールズバンド「Ｍｏｇａ《モガ》 Ｈｏｏｐ《フープ》」のギター・ボーカルとして活躍。新星堂の全国オーディションでグランプリを獲り、インディーズＣＤもリリース、事務所と専属契約も結んで、プロを目指して順調な音楽生活を送っていた。

「それが２００８年、父が一身上の都合で住職を突然退任し、僧籍を持つ母も大病の手術をしたばかりで、寺を継ぐのは私しかいなくなってしまった。子供の頃から、お寺仕事をする父と母の姿を楽しそうだなぁと見ていましたし、父とインドに行った時、仏教が多くの人の心の拠りどころにな

っているのを目の当たりにして、いつか寺の仕事を手伝おうとは思っていましたが……」

次のCD制作も決まった矢先の急な出来事。悩む三浦さんにバンドの仲間たちがこう言った。

「『明利が今まで音楽をやってこれたのは、ご両親のおかげ。寺に戻ってご両親の力になってほしい』――その言葉に私は背中を押してもらいました」

浄土真宗の本山で習礼を受け、25歳で住職に。しばらくは寺の法務に専念していたが、音楽活動を再開する転機が訪れる。浄土真宗のターミナルケア（終末期医療）施設から、ボランティアで「歌を歌ってほしい」と依頼がきたのだ。

「実は母も若い頃から仏教を背景とする医療に関わっていて、その母から、『これも仏法だから』と勧められてお受けしました。どなたも楽しめるよう童謡や仏教讃歌をまじえて歌ったところ、みなさんが笑顔で口ずさんでくれて。『音楽には人と人との距離を縮める力があるのだなあ』と気づいたんです」

以来、アコースティックギターとピアノによる弾き語りで、全国各地の寺院やホールで演奏活動を再開。その活動が評判を呼び、レコード会社の社長から「メジャーデビューをして、住職の仕事に支障のない範囲で音楽活動をしてみませんか？」と声をかけられる。

「『僧侶、住職としての役目を負ってしか生まれない音楽があるのではないでしょうか？』とおっしゃってくださったのです。自分の役割を知り、これこそ私がやるべきことだと確信しました」

11年、仏教の広大な生命観を織り込んだオリジナル曲「ありがとう～私を包むすべてに～」でメジャーデビュー。透明感あふれる歌声と美しい僧衣姿で、メディアに取り上げられる機会もさらに増えた。また自坊・光明寺でも、雅楽奏者やオペラ歌手、ハーモニカ演奏家など、様々なプロの音楽家を呼んで演奏会後に法話を行う「本堂コンサート」やワンコイン（500円）で1日から参加できるコーラス部を作るなど、精力的な活動を続けている。

「そもそも、私たちの生活の中にある歓びや感謝の心、苦しみといった身近なことを扱うのが仏教ですから、仏様の教えは楽曲にのせやすいんですね。よく『二足のわらじを履いている』と言われますが、私にとっては毎日読経をし、ご門徒さまの家々にお参りするという僧侶としての活動の延長線上に、ミュージシャンとしての活動がある。2つは1本の線でつながっているのです。これからも僧侶として歌い続けていきたいと思っています」

龍王山光明寺
浄土真宗
奈良県吉野郡大淀町下渕879
近鉄下市口駅すぐ
http://homepage3.nifty.com/koumyouji/

イベント

本堂コンサート
プロのミュージシャンによる生演奏
隔年～年に1回（不定期）

法話コンサート
予約不要　参加無料
（年に1回）
三浦明利さんの法話と演奏

コーラス部
ワンコイン制（500円）で飛び入り参加可能なコーラス練習。歌の指導は三浦明利さん。

三浦明利　オフィシャルウェブサイト
http://miuraakari.com

向源

日本全国の青年僧有志による、世界最大の「寺社フェス」

2020年の東京オリンピックは、4000以上の寺社で盛りあげたいです

雅楽、巫女舞に天台声明、邦楽太鼓などの音楽ライブ。「死の体験旅行」や「極楽箸で心と向き合う」「仏教プラクティス」などの仏教系ワークショップ。飴細工や和綴じ製本体験、水引き作り、塗香作りといった日本の伝統文化体験など――。お寺イベントは多々あれど、これほど大規模なものはなかなか観られない。年に一度の〝世界最大〟の寺社フェス、それが「向源」だ。

「3・11の震災以降、私たちの生活は大きく変わりました。心安らかに、未来への希望を失うことなく生きるために必要なのは、精神の強さ。それが日本文化への再注目や、お寺人気へと繋がったのだと思います。その中で、宗教や宗派の枠を超えて日本が誇る精神性を伝えたい。お寺や神社という非日常の空間で、大切な目標に〝向〟かう〝源〟を発見してもらいたいと、フェスを始めたんです」

そう語るのは、向源実行委員会代表の友光《ともみつ》雅臣《がしん》さん。2011年の初回ライブには、自らチラシを作り、ネットを中心に告知を展開、50人を集めた。その後の宣伝活動と、口コミが話題を呼び、

翌年には150人、3年目には3つの寺と1神社の同時開催で300人を動員。賛同する若手僧侶も増え、14年4月29日には増上寺での大規模開催を決定。勢いはますます増している。

「今を生きる人たちに、〝生きる仏教〟が染みこむ土壌を作っていきたいんです。何かを教わるのではなく、参加者が興味のあるコンテンツを選び、自ら体験して〝気づき〟を得る場にしてみたい。

東京には今、2870のお寺と1467の神社、あわせて4000以上の寺社があります。20年の東京オリンピックには海外からの観光客も含め、大勢の人たちが東京に集まるでしょう。その時、この4000の寺社に国内外のたくさんの人が訪れて、日本の伝統や文化を感じられたら、どんなに素晴らしいことか。そのためには一過性の活動で終わらせたくないと思っています。目標は何万人単位。東京から仏教のムーブメントを日本中、そして世界に発信したいです」

向源
2014年4月29日(火・祝)
会場:増上寺
(東京都港区芝公園4-7-35)

イベント (一部抜粋)

「ウルトラ木魚で人形供養」
ウルトラマン35話「怪獣墓場」をオマージュし制作した「ウルトラ木魚」(円谷プロ後援)で人形を供養する。

ワークショップ
「極楽箸で心と向き合う」
1m近くの長い箸が使えず、目の前に食べ物が一杯なのに、地獄では餓鬼がガリガリに痩せている。一方、極楽では同じ箸を使って、向かいの天人に食べさせ、ふくよかだった……。「地獄の箸、極楽の箸」という仏教の教えを実体験し、他人への思いやりについて考える。
ほか
前売り1500円～5000円　詳細は向源公式サイト http://kohgen.org/

◎番外編

お寺が町に飛び出した!

未来を作り出す力を寺からもらう

「今度うちのお寺に来てください」

電話口でそう言われ、意味がわからなかった。

鳥居弘昌さんは、お坊さんではあったが、お寺を持っていなかったはずだった。私の戸惑いぶりが電話越しに伝わったのか、

「カフェの店先で護摩を焚《た》いていたらね、お寺になったんです」

と教えてくれた。にわかには信じられなかったが、大阪・ミナミの繁華街にあるそのカフェを訪ねてみたら、いつの間にかご本尊が安置されていた。その数ヵ月後に立ち寄ったときには、お寺の看板が掲げられていた。

お寺ってこうやって生まれてきたんだ、と初めて肌で知った。

私にとっては、未来に希望を感じた瞬間だった。

この世に永遠なるものはない。山奥でお寺が取り壊されるとき、ひとつの物語が消えてなくなるのは悲しいが、仕方のないことでもある。失われた以上に、新しい物語を豊かに語ることができればそれでいい。過去に固執するのではなく、未来を見つめて私達は歴史を創っていくしかない。

お坊さんの魅力にいざなわれて、人が集まってくる。居合わせた人々の物語は深みを帯《お》びていき、そこに磁場が生まれる。立派な伽藍《がらん》などなくたって、まったくかまわない。カフェでもバーでも駅舎でも、お坊さんが大切ななにかを守っている場所は、もうお寺なんだ。

産声をあげたばかりのお寺を訪ねると、瑞々しい息づかいを感じる。お寺としては未完成かもしれないが、幼い子どものように無限の可能性を秘めている。新しい物語をゼロから一緒につむいでいくための場に、あなたもぜひ居合わせてみて欲しい。クリエイティブなお坊さんから、力強いエネルギーを分けてもらえるに違いない。

現役僧侶がバーテンダー 京都、東京「坊主バー」

バーテンダーの役目は、一対一で衆生《しゅじょう》の悩みに応えたお釈迦さまとも通じるなあ、と感じていました

京都、世界遺産・二条城から歩いて約15分。一見すると普通のバー、けれども実は現役の僧侶がバーテンダーとして酒をふるまうユニークな店がある。それが「京都　坊主ＢＡＲ」だ。

「『坊主が酒を』と怒られるかもしれませんが、いいお酒を飲めば、自分をさらけだして話せる人も多いはず。仕事や人間関係で悩みを抱えているけれど、寺で仏法を聞くまでもないし、カウンセリングに通うほどでもないという時、バーなら気軽に話しやすいのではないかなと思ったんです」

と話すのは、経営者でバーテンダーを務める僧侶の羽田高秀さん。京都は西本願寺の近くにある浄土真宗の寺院・光恩寺に生まれ、住職を務めるかたわらＩＴ系の会社を経営、夜はバーテンダーというマルチな働き者である。跡継ぎとして当然のように僧侶になったものの、門徒（檀家）との関わりだけでよいのか、社会に自分をもっと開く必要があるのではないかという思いをずっと抱えていたところ、9年前に大阪で浄土真宗大谷派の住職が開いていた元祖「坊主ＢＡＲ」に出合った。

「もともと私自身がバーという空間が好きだったんです。お客さんの話を聴き、元気になって帰る後ろ姿を見送るバーテンダーの役目は、一対一で衆生の悩みに応えたお釈迦さまとも通じるなあ、と感じていました。自分自身がそういう役割を担えるというのは、僧侶としてやりがいのあるチャレンジだと思ったんです」

まずはバーテンダーになるための学校に通い、２０１０年11月に店をオープンした。

店内には、羽田さんと同じように現在の寺のあり方に疑問を持つ僧侶、もの珍しさにひかれて訪れる観光客、地元のサラリーマン、ご近所の人など、様々な客が集う。

「ほかのバーと違う雰囲気を出したいという理由で仏具を置いたりしていますが、基本的にはあまり宗教色を出していません。なぜなら仏教の教えというのは、『己の心を見つめる』ということに尽きるので。こちらが説法をするのではなく、お酒を飲みつつ気持ちよく自分の話をしているうちに、心が解放されていったり、新しい発想がひらめいたり、元気になれる場を作れたらうれしいです」

バーを足がかりに、今後は心理学系のワークショップや東洋医学のワークショップなど、色々な試みのできる場作りも構想中で、「教養や表面的儀礼としてではなく、生死を含めた人間全体を知るプロセスとして、ぜひ仏教を知っていただきたいです」と羽田さんは語っている。

一方、２０００年オープンの東京・四谷の「坊主バー」で、バーテンダーとしてお客さんをもてなすのは、元ボクサーで浄土真宗本願寺派の藤岡善信さん。藤岡さんを題材にしたドキュメンタリー映画『〝糸〟～道を求める者の日記～』が世界各地の映画祭に出品されて話題になった、異色の僧侶だ。四谷の坊主バーのお坊さんスタッフには、真言宗や曹洞宗の僧侶も並ぶ。

こちらの坊主バーでは毎日、短い法要と法話が行われ、リクエストがあれば僧侶がお客のテーブルについたり、カウンターをはさんで人生相談にも応じている。また、お坊さんバンドを組み、不定期ライブも行う藤岡さんのユニークな仏教活動は海外メディアにもよく取り上げられているため、外国人客も意外に多く、小さなバーはいつも盛況だ。

他ではなかなか体験できないのが月2回東京のバーで行われる、真言宗の僧侶・羽鳥裕明さんによる密教占星術。一人10分ほどの簡易占いながら、生年月日を聞いただけでわかることも多いらしい。羽鳥さんは本の執筆や心理カウンセラーとしての活動もしており、心の問題や悩みなどにも対応。占い鑑定も含めて、さらにじっくり相談したい人は、バーの隣の「駆け込み寺」へどうぞ。

1

2

「京都 坊主BAR」(写真**1**、**2**)
京都市中京区油小路通蛸薬師下ル
山田町526
阪急烏丸駅24番出口より徒歩10分
☎075-252-3160
日曜、木曜定休(振り替えの場合あり)
営業時間:20:00〜24:00
(LO. 23:30)
※定休日、営業時間の詳細は、ホームページをごらんください。
http://bozu-bar.jp/

3

東京・四谷「坊主バー」(写真**3**)
東京都新宿区荒木町6 AGビル2F
☎ 03-3353-1032
営業時間 19:00〜25:00
日曜・祝日定休
http://vowz-bar.com

歓楽街のど真ん中にできたお寺
弘昌寺

寺は、町を元気にする潤滑油。僧侶も町の身近な存在にならなければいけない

大阪・ミナミ、千日前。ビルの間の一角からたなびく煙は、串焼きではなく、なんと護摩《ごま》を焚《た》く煙。歓楽街のど真ん中、喫茶店の軒下のオープンなスペースに設《しつら》えられた護摩壇では、護摩木が焚かれ、読経の声が響いている。

ここは街の中の寺、弘昌寺《こうしょうじ》。僧籍を持ち、この辺りの町内会長を務める鳥居弘昌《こうしょう》さんが２０１２年に開山した新しいお寺だ。

「顔なじみのご近所のかたから、夜の店で働く若い女性まで、お参りは少しずつ増えてきました。歓楽街で働く人たちにも来ていただきやすいよう、夜は19時まで開けていますから。その代わり、寺なのに、朝は11時からですけどね」

鳥居さんは、上方芸人の定宿だった旅館を経営する両親に育てられた、根っからのミナミ人。旅館の跡地に建つ小劇場「トリイホール」の経営者として、20年以上、上方文化の継承・発信に努め

てきた。僧侶になったのは、旅館を経営していた両親とは別に、自分には生みの親がいたことを知ったのがきっかけだという。

「どちらの祖先を供養すべきか悩んでいた時、懇意にしていた僧侶に、『僧籍をとれば両方のご先祖を供養できる』と勧められて僧籍をとりました。ところが私が町内会長になってすぐ、町内で火事や殺人事件など物騒なことが立て続けに起こり……。神仏への信仰心に目覚めていたときだけに、これも単なる偶然とは思えなくて、『ひょっとして土地を清めないとだめなのか？』と思いまして。火事で更地になった場所に僧侶を呼んで護摩を焚いてもらったんです」

以来、06年にはミナミの芸能発展祈願としてトリイホールのあるビルの入り口に芸能の神・弁天様を、また町内に布袋様を祀《まつ》り、神仏を祀る場所を少しずつ増やしてきた。

「バブル以降、千日前は治安の悪いイメージが定着してしまいましたが、本来、お笑いと人情の町。昔のような人情を取り戻したいんです。手を合わせる場所ができると、夜のスナックで働く人たちが道すがらそっと布袋様に手を合わせる姿が見られるようになりました。人情というもんは、そういう心の動きから育《はぐく》まれていくんやないかと思うんです」

そんな折、09年、千日前を代表するお寺・竹林寺が移転することになった。

「江戸期の千日前には巨大な刑場と墓地があり、竹林寺はそこで亡くなった人の魂を弔う大事なお寺やったんです。それがなくなったので『ほな、誰かが代わりに弔わなあかんやろ』というわけで、とりあえず私が護摩焚きをさせてもらおうかと」

こうして自分の先祖だけでなく、町内で亡くなったすべての人の供養と、町内発展祈願のために護摩祈禱を行うようになった鳥居さん。

それを見た喫茶店のご主人が、「そんなに熱心に焚くのなら、協力するから寺にしたら？』と、店の軒先を提供し、かくして喫茶店の軒先にお寺ができあがった。

弘昌寺には、現在、檀家は一軒もない。そもそも檀家を増やすことを目的にしていないのだ。

「寺は、人と人を人情でつなぎ、町を元気にする潤滑油。だから弘昌寺は商店街の会合の場になったり、外国人が地域住民との交流を図る拠点になったりしています。

仏教とは自分と向き合い、自分を見つめ直す場所。僧侶も町の人にとって身近な存在にならないといけない。弘昌寺はこの町に積極的に関わる、新しい寺の形にどんどんなっていくと思います」

千日山《せんにちざん》 弘昌寺《こうしょうじ》
真言宗山階派
大阪府大阪市中央区千日前1-7-23
地下鉄御堂筋線・千日前線「なんば」徒歩2分
☎06-6211-7819
http://kansai.me/sennitizankousyouji/
参拝時間 11:00〜19:00

無人駅の駅舎がお寺に変身！
下里庵

人の集まる場所で寺を開きたかった。駅寺での一期一会を楽しみにしています

兵庫県加西市を走るローカル線・北条鉄道には、全国で唯一、寺と合体した駅がある。田んぼの中に建つ小さな木造駅、播磨下里駅《はりましもさと》だ。

「私は小さいときから鉄道が好きで、いわゆる鉄オタ。駅で寺を開くのがずっと夢だったんですよ」と話すのは、真言宗僧侶の畦田清祐《うねだせいゆう》さん。2006年、無人駅の荒廃を防ぐ目的で北条鉄道が公募した「ボランティア駅長」に応募し、採用が決定。駅事務室をお堂に見立てて弘法大師を祀り、訪れる人を迎え入れる「下里庵」を設立したことで一躍脚光を浴びた。

普段は無人駅だが、月に1〜3回、畦田さんが自坊・額田寺《がくでんじ》のある東大阪から通って開扉。きれいに清掃し、五色幕を掲げ、おみくじ箱まで置いてある築95年の木造駅舎は、すでに古寺の趣だ。

わざわざ遠方から訪ねてくる人、常連さん、地域や役場の人々と、畦田さんはお茶を飲み、お菓子をつまみながら雑談をする。その人柄に惹かれて、参拝客は後を絶たない。

「昔から、人の集まる場所で寺を開きたかったんです。父は大阪の寺で窓口業務をしながら、寺に来る方の悩みを聞いてました。その姿を見て『これが僧侶の仕事だよな』と尊敬していたので」

鉄道好きの彼にとって、その場所とはまさしく「駅」だったのだ。駅なら、たとえ信仰心のない人でも気軽に入ることができる。実際、宗教に馴染みがなく、よいイメージを持っていなかったのに、この下里庵のファンになった人もいるという。

播磨下里駅では中止になっていた硬券切符の販売も復活。ボランティア駅長がいる日は、記念に切符を買いに来たり、下里庵の御朱印を受けに来る人もいて、鉄道の活性化にも一役買っている。

「『来るもの拒まず、去る者追わず』の心で、お参りの皆さまとの一期一会を楽しみにしています。この下里庵で、ローカル線の魅力をたっぷり語り合いましょう！」

下里庵
兵庫県加西市王子町字野中
☎072-987-5245（額田寺）
http://sites.google.com/site/nukatashimosato/
アクセス：神戸電鉄粟生線、JR加古川線「粟生」駅で北条鉄道に乗り換え、「播磨下里」駅にて下車。

下里庵の活動

月に1〜3回自由開放している。開扉日は上記HPで告知。駅長住職と会話したり、本を読んだり自由に過ごす。深刻な相談ごとは事前に日程を相談のこと。開扉日のうち1回は「鉄道ファンの集い」。

"求められる"時代のお寺のあり方を考える
一般社団法人

お寺の未来

人生にお寺はなぜ必要なのか？　根本を探求し、誰にどんな価値を与えられるか、共に学ぶ場を作りたい

「仏教の可能性は、昔から感じていました。仏教という宗教は、その人の心を自由にしてくれる素晴らしいものなのに、その可能性の高さに僧侶自身も気づかず、日常に埋もれている。本当にもったいない。もっと仏教、頑張らないと。私はお寺を変えたくて、仏教界に飛びこんだんです」

北海道小樽に生まれ一般家庭に育ち、東大哲学科を卒業。「赤門から仏門」へと転身を遂げた松本紹圭《しょうけい》さんは、東京・神谷町の光明寺から「お坊さんによるお寺革命」を次々と起こしていった。

僧侶になってすぐ、ネットがまだ今ほど普及していない2003年に、自らが僧侶になった顚末を綴ったブログを開始。それをきっかけに若手僧侶達と創り出したのがインターネット寺院「彼岸《ひがん》寺《じ》」だ。同時に光明寺の本堂でお寺の音楽会「誰《たが》そ彼《れ》」を開催、お寺のテラスを開放して手作り菓子を提供する「神谷町オープンテラス」開店とアイデアは尽きず、若手僧侶のフロントランナーとしての地位を築き、13年には世界経済フォーラム（ダボス会議）のヤンググローバルリーダーズにも

選出された。その松本さんが言った。「仏教は進化しています」。

「仏教は日々、上書きされています。もちろん教えの根幹が変わることはありません。でも、受け手の生き方や価値観が変化すれば、それに合わせて伝え方も変わるはずです。そもそも仏教は死者ではなく、今を生きている人のためにあり、その苦しみを救わないと意味がありません。たとえば内科医が高血圧外来に通う高齢の患者さんに、『この薬を飲まなきゃ長生きできませんよ』といえば昔は響いたけれど、今ほど長寿社会になるとピンときませんよね。『これを飲まなきゃボケますよ』と言ったほうが切実で、きちんと服薬するでしょう。同じように、これほど社会が不安定になると、人の悩みや、心に刺さる言葉だって変わるはず。だからお坊さんは、人々が抱えているいろいろな課題を知り、様々な方法で時代に合った目覚めのツボを押さなきゃいけないんです。

3・11以降の日本はお金の価値がぐんと下がり、お金に豊かさを求めることにみんな違和感を持ち始めています。最近では私の活動に経済界のど真ん中の方達が興味を持ってくださり、他業種のパワフルな人たちともどんどん交流するようになりました。人生の大事な部分に『心』を持ってくる人が確実に増えています。ならば、お寺のあり方についてお坊さんに今一度、問い直してほしい。檀家や法要参拝者が減っていく中で、お寺はいったい誰に、どのような価値を提供する存在なのか。そもそも人生には、なぜお寺が必要なのか。根本の問いを探求し、求められるお寺になるための思考方法を、未来を見据えた僧侶とともに切り開きたかったんです」

12年春、松本さんは『未来の住職塾』を開講、塾長として京都に移住、その後「一般社団法人 お寺の未来」を立ち上げ、寺院運営のサポートに乗り出した。塾のテキストは４年前にＭＢＡを取得した松本さんが自ら作っただけあり、寺院のケース事例を盛りこみつつ、顧客視点にこだわった経営思考を学ぶカリキュラムが充実。その他、お寺の眠れる価値を可視化する「お寺３６０度診断」や、文章の書き方から誌面作り、コンテンツまでサポートする通信教育「伝わる寺報教室」といったユニークな講座も。卒業後もクラスメイトが互いの寺を訪問しあって勉強会を開いたり、ＷＥＢサイト「彼岸寺」で「一日一分十説法」を執筆するなど、学びと助け合いの絆は宗派を超えて続いていく。

「お寺が長い年月をかけて培《つちか》ってきた、目に見えない無形の価値を再評価して、良いものには磨きをかけ、足りないものは補い、ないものは創造する。様々な活動から次世代につなぐ寺をつくり、ニッポンを明るくするお寺の『これからの１００年』を、切り拓いていきたいです」

一般社団法人 お寺の未来
東京都港区虎ノ門3-25-1光明寺内
info@oteranomirai.or.jp
http://www.oteranomirai.or.jp/

「私たちお寺の未来は、一人ひとりが良きお寺と出会うご縁を育み、あなたの安心に満ちた日々の歩みを支えます」

メールマガジン『お寺の未来マガジン』
～これからのお寺づくりに役立つアイデアの詰まった無料メルマガ。
登録はhttp://mm.oteranomirai.or.jpから

僧衣の特徴（浄土宗の場合）

法要儀式の僧衣（顕色《けんじき》）

平時の僧衣（壊色《えじき》）

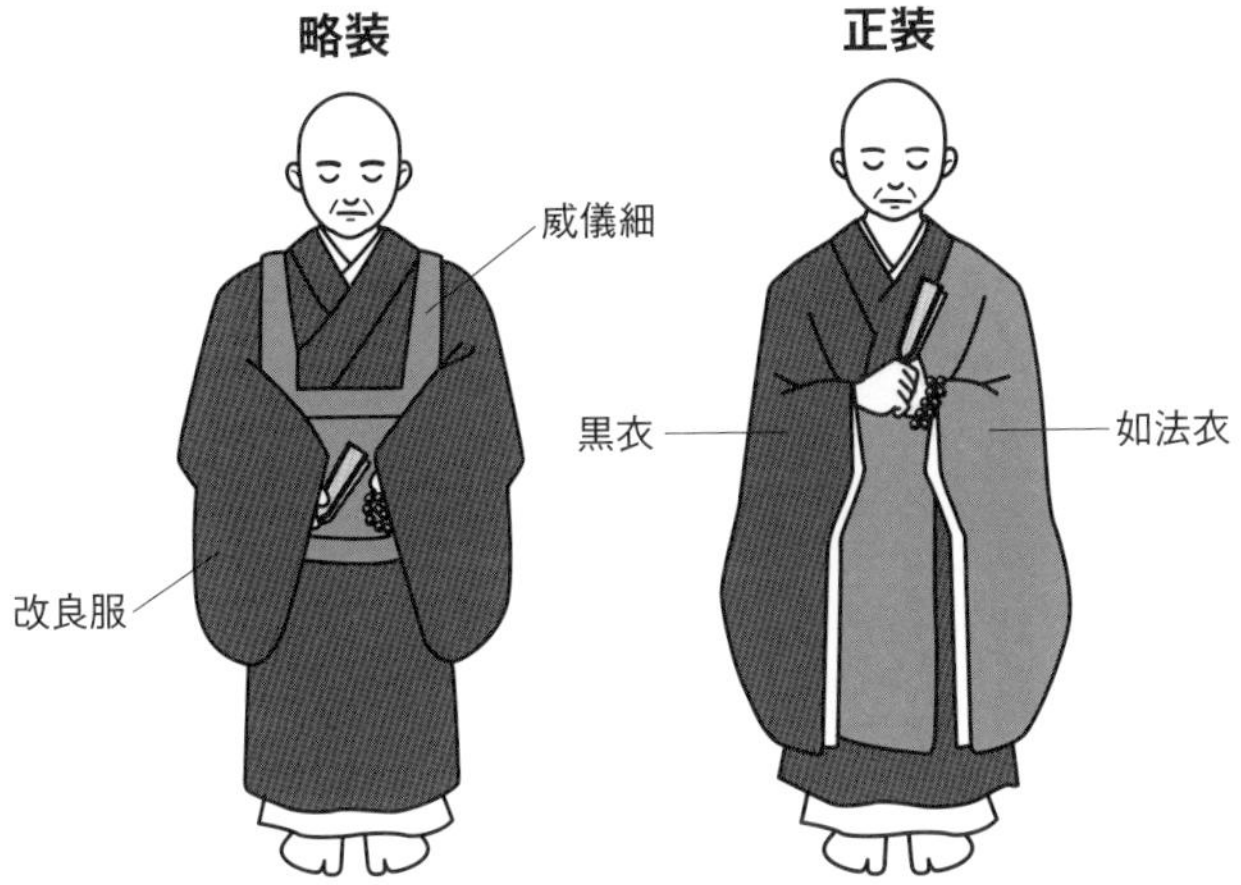

僧衣は、法要儀式に用いる顕色（緋色や紫の僧衣と金襴の袈裟）と平生に用いる壊色（黒や茶などの褐色の僧衣と袈裟）に大きく分類され、さらに正装と略装を状況に応じて使いわけている。端切れの布をつないで作った故事に基づき、袈裟の多くは小片の布を継ぎ合わせて作っている。また袈裟は、古代インドの王に対する礼法に由来して、右肩を肩脱ぎ（＝偏袒右肩《へんだんうけん》）にすることが多い。

CDで聴く「仏教」

僧侶アーティストも続々誕生中の昨今。
池口龍法が選んだ、お勧めCD4枚を紹介。
自宅で体験できる「仏教」ワールドへ、ようこそ！

文：池口龍法　＊税表記のないものは税別価格です

「願い」やなせなな

浄土真宗の女性僧侶でシンガーソングライター。30歳で子宮体ガンを克服した経験から、まっすぐに生と死を見つめる癒しの歌を数多く制作。厚みのあるやわらかな歌声が、聴く人の心をほっとさせてくれる。3000円（4月以降も税込3000円で展開）
㊂グレイスノーツ info@gracenotes.jp ☎06-6210-5020

「六大」Yugi

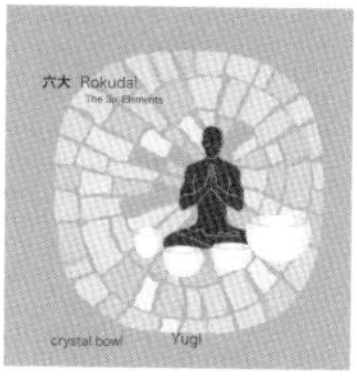

真言宗の僧侶でクリスタルボウル奏者。「地・水・火・風・空」に「識」を加えた、真言密教の6つの宇宙真理を表現したアルバム。波のようにゆらぎ広がる透明な音の重なりが、聴いているだけで瞑想している心地に。1700円 ㊂ yakushi@sensyu.ne.jp（おもにAmazonで販売。http://www2.sensyu.ne.jp/yakushi/にてサンプル音源など試聴可能）

「慈愛LOVE」山下洋輔（P）／日野皓正（Tp）／安達久美（G）／岡本博文（G）／佛光院僧侶（声明）

京都・佛光院の僧侶たちの声明・読経に、山下洋輔や日野皓正ら日本を代表するジャズ演奏家たちが対峙し、即興演奏を繰り広げる。深層海流のごとく雄大なお経の響きが、ジャズによって詩情を帯びていくさまは圧巻。2014年3月にはパリ公演も開催。2381円 ㊂RAGホームページ http://www.ragnet.co.jp/ragmania_jiai_love.html

「ありがとう ～私を包むすべてに～」三浦明利

美しすぎる住職シンガーソングライター（148ページ参照）。「ありがとう」のタイトル通り、万物に感謝するまっすぐなメッセージを、やさしく聴きやすいメロディーで表現。澄んだ伸びやかな歌声が、気持ちを前向きにしてくれる。952円 ㊂オーマガトキ http://omagatoki.co.jp/

お坊さんとお寺についての素朴な疑問？

出会う機会は、なかなかないし、いろんなことも質問しにくいし。意外と知らない、お坊さんのあれこれ。そこで仏教伝道協会所属の僧侶・増田将之さんにミニインタビュー。僧侶の日常から作法まで、日頃気になっていたこと、教えてください！

Q お坊さんは普段、どんな生活をしているんですか？

お寺での法務の時は、私はだいたい5時頃に起きますが、一般的なお坊さんの中には、早めに起きて朝食前にひと仕事終わらせる方もいますね。事務仕事では門徒（檀家）さんの情報管理や、寺報、ホームページの制作などでパソコンを駆使しますので、操作に詳しいお坊さんも多いです。その他、作務に宣伝活動、相談事への対応に月参りで、日中はあっという間に過ぎていきます。夏と冬ではお勤め時間が変わりますが、16時に夕方のお勤めをし、閉門すれば仕事は終わり。お通夜がある時は20時すぎまで働きます。私の場合は、だいたい23時就寝です。

Q お坊さんに夏休みや休日はありますか？

お正月、クリスマスの過ごし方は？

休みはあってないようなものです。お正月は、「修正会」やお年賀のお客様の対応がありますが、何だか心はゆっくりできます。クリスマスはキリスト教の行事なので特に何もしませんが、プレゼントがないと子供がかわいそうなので、「仏様からいただいた」と言って渡すお坊さんも多いと思います。私もその一人ですね（笑）。

Q お坊さんの一番忙しい時期は？

お盆です。その月が命日にがあたる仏様がいる門徒さんの家を回る〝月参り〟に加え、お盆期間はすべての門徒さんの家を回るので、フル回転です。

Q お坊さんは普段なにを食べていますか？お酒は飲まないのですか？

修行中は、宗派ごとに決まったものを食べます。門徒さんが用意してくださった時は「残す」ということは命を粗末にすることに繋がりますので、残さずいただくのが基本です。世の習いでお酒も飲みます。

増田将之さん
仏教伝道協会所属。浄土真宗。
「フリースタイルな僧侶たち」副代表

仏教が好き!

「あなたはお寺のどこが好き? 仏教の何に惹かれて、
どんな言葉に救われましたか?」

お寺とは、日本の伝統の中に眠る優しさである

❖縁の会代表 長壽院 北川琢也

私が、一番私らしくいられる場所がお寺です。

泣いたり、笑ったり、ありのままのいのちをまるごと受け入れてくださる仏様との日暮しに感謝しています

❖天真寺 西原龍哉

仏教はあらゆる価値観から私を解放し、私の感性を尊重してくれる。

無常の肯定と、その共有から生まれる安心感に惹かれます

❖正山寺 前田宥全

自分の常識を、バッサリと切り捨ててくれるところ

❖緑泉寺 青江覚峰

お寺で手を合わせるひとときに、仏様のもとにいる温かみを感じます。日々の生活で、人と接する中で、苦を除き楽を与える、仏教の慈悲の心を大切にしなければと思います

❖光明寺 木原祐健

あなたを断捨離

捨てること、離れることで分かることはこの世には沢山あります。デコレートされた自分を一度断って、捨てて、離れ、きちんとした視点で自分を見つめる。坐禅の、そんな上質な時間を味わえるところが好きです

❖釈尊堂 本覚寺 守長修浩

仏様は遥か遠い所にいらっしゃるのではなく、私達ひとりひとりの心の中にいらっしゃるのだという教えに、いつも励まされています

❖下里庵 畦田清祐

「救う私が救われる」

❖勝楽寺 茂田真澄

忙しい日常から離れて、一息つける、

なんとなくほっとする、

明日からの生活の助走になるような空間がお寺にはあると思います

❖福昌寺 飯沼康祐

「至らない自分の、面倒みてく」。
仏教とは自分肯定のメソッドです。
できない自分や醜い自分を認めていく。
足りないところも可愛いじゃん、ワタシ！って。
そういう視座を持てるだけで、
随分ラクになると思うんですよね
❖等覚院　中島光信

明快で分かりやすく、
現実的な答えを
示してくれるところ。
「もう悩まない、迷わない、苦しまない」道を
教えてくださったお釈迦様の教えを、
ご縁ある方と一緒に実践できればと
願っています　❖みんなの寺　天野和公

仏教では「存在」を否定することなく
肯定してくれています。これは自己肯定感と
安心感を得ることにつながるので、
「自分が自分らしく生きる」
ことが出来るようになります。
ここが仏教の魅力だと思います
❖駆け込み寺　羽鳥裕明

やっぱりお寺が好き。

様々な活動のエネルギー源が聴きたくて、最後に僧侶達へミニインタビュー。

私はしばしば仏を忘れるが、
仏はけして私を忘れない
――真宗教団 連合カレンダーより

心配されているのは
誰でもないこの私です。
私が出遇ったように、多くの方々が、
仏教に、そしてご縁あるお寺に
出遇っていただければ幸いです
❖プロジェクトダーナ 仏教総合研究所　柴田仁諦

好きな言葉

「時は今　ところ足もと　そのことに
打ちこむいのち　永遠《とわ》のみいのち」
――浄土宗大本山増上寺第82世　椎尾弁匡法主

大切なのは、今この一瞬、一瞬を大切にすること。
今、具体的に行動すること。
この言葉が好きです
❖七聲会代表　大光寺　南忠信

善悪不二
自分の中の善悪という価値感を
崩していくことにより新たな世界が広がり、
そのなかで、いつも人を責める心を
改めさせられ己への自戒となる
❖坊主バー東京　藤岡善信

「フリースタイルな僧侶たちのフリーマガジン」

天台宗、真言宗、浄土宗、浄土真宗など宗派を超えた若手僧侶が組織する「フリースタイルな僧侶たち」によって、2009年8月創刊。「お坊さん＝お葬式」というイメージを脱却し、"読者が仏教の持つ豊かな可能性に出逢うためのきっかけ作りになってほしい"との願いを込めて発行。「お坊さんへの質問100に答える」「『落語家まるこの仏道修行』～プロがアマになりましてん～」「お坊さんは面白い！」「ウルトラ木魚　日本を救う！」などの特集記事や、「ヘルシー精進料理レシピ」漫画「お坊さん日和。」「こちら僧医外来」などの連載も充実。2013年12月、優れたフリーペーパーを表彰する「日本フリーペーパー大賞2013」（経済産業省など後援）にて、大賞に次ぐ審査員特別賞を受賞。年6回、偶数月1日に発行。A4サイズ、12ページオールカラー。バックナンバーの電子書籍ダウンロードや詳細は公式ホームページへ（http://freemonk.net）。

池口龍法（いけぐち・りゅうほう）

浄土宗知恩院編集主幹および、龍岸寺住職。「フリースタイルな僧侶たち」元代表。

1980年9月7日兵庫県生まれ。浄土宗西明寺に育つ。京都大学文学部、同大学院文学研究科で仏教学を専修。大学院中退後は知恩院に奉職。2009年8月に、宗派を超えた僧侶たちのフリーペーパー「フリースタイルな僧侶たちのフリーマガジン」（偶数月1日に発行）を立ち上げ、編集長に就任。現在発行部数は1万部を超え、全国で話題を呼んでいる。http://freemonk.net

Special thanks

増田将之（ますだ・まさゆき）

浄土真宗本願寺派　真栄寺衆徒。「フリースタイルな僧侶たち」副代表。
1976年千葉県生まれ。龍谷大学文学部真宗学科卒業。勝満寺（京都教区）、善行寺（東北教区）ほかにて法務に就く。現在は公益財団法人仏教伝道協会に所属し、お寺とのつながりを築きながら、一般の方への仏教普及に奮闘中。「仏教井戸端トーク」主宰。

友光雅臣（ともみつ・がしん）

天台宗常行寺副住職。

1983年東京都生まれ。大正大学卒業。2008年天台宗比叡山での修行を終え、常行寺の僧侶になる。2011年より寺社フェス『向源』（http://kohgen.org/）、2012年に対話イベント『お寺で対話する夜』、神職と僧侶の勉強会『神仏和合』を開催。

Staff
本文撮影・取材・文■［関東］福田祥子■［関西］中井シノブ（ほんぬ）／山本真由美／立藤慶子／田中晶子
本文構成■木村真由美

おわりに

本書の編集を開始してから、2年が経つ。

旬のお寺を取り上げる本にしては、あまりに多くの時間を費やしてしまった。そのことについてはただお詫びの気持ちしかないわけだが、本書に掲載したお寺すべては私を責めるどころか、無事に発刊できたことを喜んでくれた。

「フリースタイルな僧侶たち」スタッフの、増田将之も友光雅臣も、常にそばで支えてくれた。

ほっとした。

お坊さんは、思った以上に、優しかった。

失敗しても許される場所って、なかなかない。

今日でもお寺は、生きることに疲れた人達にパワーを分けてくれる場所だと思った。

仏教の持つ懐の深さに、心底より感謝する。


お寺に決まったかたちなんてない。

人々の願いとともに時間を刻んできたし、これからも歩み続けるだろう。

そのことが伝わる本にしたかった。

でも、「かたちのないもの」を「かたちにする」のは、骨の折れる作業だった。デザイナーの岡孝治さん、数々のクリエイティブな提案を、ありがとう。そして、ひとつも文句を言わず、編集してくださった講談社の原田美和子さん、ありがとう。原田さんが、本書を世に出すことの意義を信じてくださったからこそ、発刊できたのだと思う。


奇しくも母親の還暦の誕生日に、講談社から出版のお話をいただいた。

それからちょうど2年。ささやかなお祝いに本書を贈る。

平成二十六年三月　池口 龍法

お寺《てら》に行《い》こう！

坊主《ぼうず》が選《えら》んだ「寺《てら》」の処方箋《しょほうせん》

2014年　3月14日　第1刷発行
2016年　2月24日　第2刷発行

著者・監修　池口《いけぐち》龍法《りゅうほう》

発行者　鈴木 哲
発行所　株式会社 講談社
〒112-8001
東京都文京区音羽2-12-21
電話　編集　03-5395-3522
　　　販売　03-5395-4415
　　　業務　03-5395-3615

造本・装幀　岡 孝治
カバー、本文写真　関 夏子
図版　朝日メディアインターナショナル
印刷所　大日本印刷株式会社
製本所　株式会社国宝社

ISBN978-4-06-218691-9
定価はカバーに表示してあります。